DRA. LAURA SCHLESSINGER

DO QUE OS HOMENS GOSTAM

Dicas para tornar seu casamento mais feliz

CB124300

SEXTANTE

Título original: *The Proper Care and Feeding of Husbands*
Copyright © 2004 por Dra. Laura Schlessinger
Copyright da tradução © 2005 por GMT Editores Ltda.
Todos os direitos reservados.
Publicado em acordo com a HarperCollins Publishers, Inc.

tradução: Sonia Maria Moitrel Schwarts
preparo de originais: Regina da Veiga Pereira
revisão: José Tedin Pinto e Sérgio Bellinello Soares
projeto gráfico e diagramação: Marcia Raed
capa: Miriam Lerner
fotolitos: R R Donnelley
impressão e acabamento: Yangraf Gráfica e Editora Ltda.

CIP-BRASIL. CATALOGAÇÃO-NA-FONTE
SINDICATO NACIONAL DOS EDITORES DE LIVROS, RJ

S369d

Schlessinger, Laura, 1947-
Do que os homens gostam / Laura Schlessinger ; tradução Sonia Maria Moitrel Schwarts. – Rio de Janeiro : Sextante, 2005.

Tradução de: The proper care and feeding of husbands
ISBN 85-7542-191-3

1. Casamento. 2. Relações homem-mulher. 3. Maridos – Psicologia. 4. Esposas – Conduta. I. Título.

CDD 155.645
05-2534. CDU 159.9:392.6

Todos os direitos reservados, no Brasil, por
GMT Editores Ltda.
Rua Voluntários da Pátria, 45 – Gr. 1.404
Botafogo – 22270-000 – Rio de Janeiro – RJ
Tel.: (21) 2286-9944 – Fax: (21) 2286-9244
E-mail: atendimento@esextante.com.br
www.sextante.com.br

DO QUE OS HOMENS GOSTAM

"Casar com um homem, sentir orgulho de sua união, investir no companheirismo e cumplicidade, olhá-lo com curiosidade, sabendo que são diferentes e que há sempre algo a descobrir, alegrar-se com seu apoio e sacrifícios para sustentar a família e sentir prazer no papel de esposa e de mãe não significa opressão, subjugação ou abdicação de qualquer potencial feminino."

"Amor significa um grande carinho, uma enorme afeição por uma pessoa e uma imensa preocupação com seu crescimento e sua felicidade. E isso deve se manifestar nos atos e palavras de cada dia. Depois da vida, o amor é o maior presente de Deus."

"Como os homens são criaturas simples, que nascem de uma mulher, são alimentados e criados por uma mulher e anseiam pelo amor eterno, pela admiração e pela aprovação de uma mulher, isso os torna vulneráveis aos humores, desejos, furores, críticas, decepções, insatisfações, raivas e rejeições de suas mulheres."

"As coisas não acontecem de um momento para o outro, mas, se não ficarmos muito atentos, corremos o risco de ir aos poucos colocando o marido ou a mulher em último lugar na lista de prioridades. E, quando nos damos conta, a insatisfação está instalada no casamento."

"A verdade é a seguinte: um dia tem um número determinado de horas, e a energia de que podemos dispor é limitada. Por isso, precisamos fazer escolhas. E se você decidir não colocar seu marido em primeiro lugar, ele lamentavelmente fará o mesmo com você."

"É lastimável a quantidade de insultos (críticas, reclamações, acusações e gritos) que as mulheres podem jogar nos homens e é incrível que não vejam isso como prejudicial e ofensivo. Até porque elas próprias são sensíveis a qualquer sinal de desprezo ou de desconsideração de seus homens em relação a elas. Critérios duplos, eu diria."

"A maioria das mulheres que reclamam que não estão recebendo o que querem de seus maridos deveria parar e observar o quanto elas os desrespeitam e desprezam. E se desrespeitam e se desprezam também, porque permanecem casadas com alguém que não merece sua consideração e seu cuidado. Elas ficariam surpresas se percebessem como tentam impressionar mais pessoas estranhas do que a pessoa que supostamente é a mais importante de todas para elas."

Dr. Laura Schlessinger

SUMÁRIO

INTRODUÇÃO 7

CAPÍTULO 1
Cuidando e tratando mal do marido 17

CAPÍTULO 2
A síndrome do Coelho Branco 30

CAPÍTULO 3
"Como você é irritante!" 48

CAPÍTULO 4
Os homens têm sentimentos?
É mesmo? Você está brincando! 71

CAPÍTULO 5
"Ah? Querida, o que foi mesmo que você disse?
O que é que você quis dizer com isso?" 94

CAPÍTULO 6
Vamos falar de sexo? 114

CAPÍTULO 7
Um homem deveria ser respeitado em sua própria casa 132

CAPÍTULO 8
A vez dos homens 148

INTRODUÇÃO

"Como homem, eu posso lhe dizer que as nossas necessidades são simples. Queremos ser alimentados, queremos que nossos filhos sejam educados por suas mães e queremos ser amados."

VINCE

"Sou um homem de 37 anos com bastante experiência e posso contribuir para a sua pesquisa sobre como tratar um marido. Precisamos de uma comunicação clara, de reconhecimento, amor sincero e respeito. A retribuição virá na certa. Vivemos para cuidar da esposa, da família e da casa. Lembre-se apenas de que, embora nossas necessidades sejam simples, elas não devem ser ignoradas. É difícil achar um homem bom, mas não é difícil mantê-lo."

DAN

"É difícil achar um homem bom, mas não é difícil mantê-lo." Esta frase deveria fazer você realmente parar e pensar. Como apresentadora/psicoterapeuta de um programa de rádio, preciso lhe contar como é verdadeiro e triste o fato de inúmeras mulheres lutarem para se manterem unidas a um imbecil, continuarem a dar a um canalha namorador mais uma chance, terem relações sexuais sem proteção com um cara de quem mal sabem o sobrenome, concordarem em se juntar e arriscar a ter filhos com algum oportunista ou fracassado, tudo em nome de uma patética busca pelo amor. Em contrapartida, não se preocupam em cuidar da relação com um marido decente, trabalhador e carinhoso, dando-lhe a consideração, atenção, respeito e afeto de que qualquer ser humano necessita, muito especialmente aquele com quem escolhemos dividir nossa vida. Faz mal aos parceiros, destrói o relacionamento, diminui as mulheres. Isso me deixa perplexa.

O que me deixa mais perplexa ainda é como muitas mulheres parecem não se preocupar com seu poder de destruição em relação a seus homens e, conseqüentemente, a seus casamentos. As mulheres me telefonam para perguntar se é correto tirarem férias longas "sem ele" quando querem alguma liberdade para descansar e se divertir, ou se é correto lhe negarem sexo, porque estão aborrecidas com alguma coisa ou apenas muito cansadas depois de um dia exaustivo, ou se realmente precisam fazer ou planejar um jantar gostoso, porque é muito chato e cansativo, ou se é correto lhe ocultar questões financeiras ou familiares, porque a colaboração dele é desnecessária, ou se realmente têm a obrigação de visitar a família dele (sogros ou filhos de outros casamentos), ou se de fato precisam demonstrar interesse pelos hobbies dos parceiros, embora os considerem muito desinteressantes, ou... – bem, acho que você já entendeu.

Deixe-me relatar o diálogo específico que me incentivou a escrever este livro. Annette tem 35 anos, seu marido, 39, e eles têm um filho de um ano. Ela não trabalha fora, não gosta de cozinhar e não acha útil passar muito tempo cozinhando. Telefonou para perguntar se isso era prejudicial para seu filho. Notei sua falta de preocupação com as necessidades ou desejos de seu marido – você sabe, o cara que trabalha todos os dias para sustentá-la e ao filho. Vou reproduzir o diálogo para que tenham idéia da maneira totalmente hostil e desdenhosa com que ela falou.

Dra. LAURA: – O que os adultos da sua casa comem no jantar?

ANNETTE: – Meu marido pega panquecas de carne no freezer e eu como sucrilhos ou queijo cottage. Meu marido não gosta muito da minha comida.

DRA. LAURA: – Esta realmente não é uma dieta saudável e bem balanceada. Você está propositadamente oferecendo coisas horríveis porque seu marido é algum tipo de monstro?

ANNETTE (sarcasticamente): – Não, eu apenas não sou uma boa cozinheira. (Isto foi dito num tom desdenhoso e hostil.)

DRA. LAURA: Bem, Annette, é fácil se tornar uma boa cozinheira. Tudo o que você precisa fazer é entrar para um curso ou comprar um livro de receitas. Eu gostaria de saber por que você está intencionalmente impedindo que a refeição com seu marido seja um momento prazeroso. Sabe o que é de fato prejudicial para seu filho? É o clima que você está criando com seu descaso. A hora do jantar é um dos momentos mais importantes para uma criança se ligar a seus pais e para desenvolver sua capacidade de comunicação – tudo isso contribui muito para a segurança e auto-estima da criança. Este é talvez o único momento em que a família se reúne e passa um agradável período saboreando a refeição e conversando. Por isso, vale a pena fazer um esforço, até porque você vai se beneficiar com isso. O que é que você pretende ensinar a seu filho com seu exemplo? Quer que ele aprenda que, quando não gostar de alguma coisa, ele não precisa fazê-la de jeito algum, ou não precisa fazê-la corretamente? Em ambos os casos você estará criando um futuro monstro.

Existem milhares de coisas que não gostamos de fazer, mas, se são essenciais para a felicidade da gente e das pessoas com quem vivemos, elas merecem o esforço. Pode ter certeza, desta forma você vai crescer como pessoa e se tornar mais feliz. Portanto, se você no momento não precisa trabalhar fora, empenhe-se para fazer da sua casa um ambiente agradável que dê satisfação à sua família. Esforce-se. Sabe qual é a minha sensação? De que você sente uma certa hostilidade em relação ao seu marido. E eu pergunto: é bom viver com uma pessoa que nos é indiferente ou por quem sentimos hostilidade? Você não percebe que desta maneira está desvalorizando seu marido e deixando-o muito mais vulnerável ao assédio de uma mulher que o trate com consideração? Se viver com ele é insuportável, pense em como resolver esta questão. Mas se é puro descaso da sua parte, preste atenção e procure mudar. Eu lhe garanto: vai ser bom para você, para seu filho, para sua família.

A maioria das mulheres que reclamam que não estão recebendo o que querem de seus maridos deveria parar e observar o quanto elas os desrespeitam e desprezam. E *se* desrespeitam e *se* desprezam também porque permanecem casadas com alguém que não merece sua consideração e seu cuidado. Elas ficariam surpresas se percebessem como tentam impressionar mais pessoas estranhas do que a pessoa que supostamente é a mais importante de todas para elas.

Já expliquei inúmeras vezes no meu programa de rádio e vou dizer algo que repetirei no correr do livro, porque considero muito importante: *um homem nasce de uma mulher, é cuidado, amamentado e protegido por ela, e passa o resto de sua vida ansiando pela aceitação, cuidado e aprovação de uma mulher.* A não ser que você tenha um homem com um claro problema mental ou emocional, pode ser relativamente fácil lidar com o parceiro. Não estou dizendo que seja fácil, mas que *pode* ser. Se você estabelecer uma relação franca, respeitosa, cuidadosa e amorosa, tenha certeza de que estará criando um espaço em que os dois poderão crescer e ser felizes. Repito: a não ser que ele seja um canalha ou um neurótico de pedra. Neste caso, caia fora.

Com uma determinada ouvinte, Sandy, levei este plano a uma conclusão feliz – mas não sem muito esforço da minha parte e muita resistência da parte dela.

SANDY: – Meu marido e eu temos um péssimo relacionamento.

Dra. LAURA: – Mas, por quê?

SANDY: – Ele diz que sou muito teimosa... mas acho que somos ambos muito turrões.

Dra. LAURA: – Ele diz que você é muito teimosa. O que é que ele quer dizer com isso?

SANDY: – Ele sempre me diz que gosto de controlar situações e que vou tomando decisões sem consultá-lo. Mas eu só quero facilitar as coisas, então vou em frente e decido.

Dra. LAURA: – Mas, por que você faz isso?

SANDY: – Não sei.

Dra. LAURA: – Sua atitude está destruindo seu casamento. Por que você continua a agir assim?

SANDY: – Mas são coisas bobas, como ir a uma loja e comprar algo. Por que eu deveria consultá-lo nesses casos?

Dra. LAURA: – Bem, se isso o incomoda tanto, não custa conversar ou convidá-lo para ir junto.

SANDY: – Eu simplesmente não vejo por quê.

Dra. LAURA: – Vocês têm filhos?

SANDY: – Temos três filhos.

Dra. LAURA: – Eis uma boa razão para vocês mudarem de atitude: para que as três crianças vivam em uma casa tranqüila. E você tem mais condições de efetuar essa mudança.

SANDY: – Já tentamos isso.

Dra. LAURA: – Não. *Nós,* não. *Você* não mudou.

SANDY: – É muito difícil.

Dra. LAURA: – Claro que é difícil, a gente não muda sem esforço. Mas, se essa sua atitude e as discussões que ela gera afetam seu casamento e a vida dos seus filhos, vale a pena investir. Além do mais, tenho certeza de que você ficará muito mais feliz vivendo em harmonia com seu marido. Quando o clima entre vocês dois tiver melhorado, procure conversar com ele para chegarem a um meio-termo. Tudo isso deveria ser uma incrível motivação para você se comportar melhor no seu casamento – para aceitar o que parece importante para seu marido.

Para ajudá-la a fazer algumas mudanças, pedi que listasse, naquele exato momento enquanto estávamos no ar, três coisas razoáveis que seu marido gostaria que ela fizesse de maneira diferente. Sandy esperneou dizendo que não sabia o que ele queria, a seguir reclamou dele, depois foi sarcástica sobre as necessidades dele e, por último, exagerou o que deveria fazer. Ufa! Foi difícil fazê-la admitir que todos os desejos e pedidos dele eram razoáveis e, mais ainda, fazê-la mostrar qualquer disposição de ceder em algo que não fosse fundamental.

Concordei que uma mudança pessoal era difícil, mas mostrei que é mais fácil reclamar de uma outra pessoa do que olhar para si mesma. Meio irritada, ela resolveu pensar, motivada pela oportunidade de melhorar as coisas para ela e os filhos.

Dra. LAURA: – Quais são as três coisas razoáveis que você sabe que agradariam a ele, se você mudasse?

SANDY: – Perguntar a opinião dele sobre algumas coisas. Aceitá-lo exatamente como é, sem exigir mais nada.

Dra. LAURA: – Sabe o que eu acho que isso significa? Ele quer se sentir apreciado por ser quem é e pelo que faz.

SANDY: – Certo.

Dra. LAURA: – Se você está sempre tentando mudá-lo, se exige mais ou quer algo diferente, ele interpreta isso como se você não aprovasse nem apreciasse quem ele é e o que está lhe oferecendo. Lembre-se, este é o homem que você escolheu para dividir sua vida. Certo? Se o escolheu, é porque ele tem qualidades. Por que não valoriza essas qualidades? E qual é a número três?

SANDY: – Relaxar um pouco e aceitar os limites. Ele sempre diz que eu sou muito perfeccionista.

Dra. LAURA: – O.k. Procure ser mais tolerante.

SANDY: – Está bem.

Dra. LAURA: – Aqui vai o seu dever de casa. Faça isso durante uns dias e aí me telefone de volta. Número um: pedir a opinião dele sobre alguma coisa. Número dois: demonstrar algum sinal de apreciação. Número três: abrir mão do perfeccionismo. Repita-as para mim, por favor.

SANDY: – Pedir a opinião dele. Mostrar apreciação. Se não for realmente importante, ignorar.

Ela telefonou após alguns dias bastante surpresa de ter, com pequenos esforços, ajudado a melhorar o humor e o comportamento de seu marido, desanuviando a atmosfera da casa e sentindo maior paz de espírito.

É isso que eu vivo dizendo às mulheres. Os homens são bem mais simples do que elas. Em geral, e é claro que com exceções, eles não têm humores instáveis (como a TPM) nem são hipersensíveis a ofensas pessoais (quando foi a última vez que você ouviu um homem reclamar do sogro?). Os homens *geralmente* querem dizer exatamente o que dizem e não falam de forma indireta, que é um estilo mais característico das mulheres. Os homens também sofrem em silêncio por muito tempo antes de reclamarem ou gritarem de dor – o que não é bom porque a dor sai de outras maneiras, como no uso abusivo de álcool –, enquanto que as mulheres provavelmente choramingarão e reclamarão como uma forma de comunicação e até mesmo de troca com suas amigas.

Os homens *de um modo geral* são mais simples. As mulheres precisam aprender isso se quiserem ser verdadeiramente felizes com seus homens.

Kathryn, uma outra ouvinte, confirma isso:

"Os homens realmente não são tão complicados como nós achamos. Eles adoram nos ouvir dizer que eles são a fonte da nossa felicidade. Seu marido merece o mesmo respeito que você mostraria a alguém que fosse visitá-la – até mais. Os homens adoram ser elogiados e admirados. Quem não gosta? Eu sempre agradeço a meu marido por trabalhar tanto pela família e incentivo as crianças a fazerem o mesmo. Os homens ficam de mau humor quando estão cansados e/ou com fome. Qualquer coisa que digam quando estão em um desses estados não deve ser levada a sério. Os homens não gostam quando as mulheres falam por trás deles. Os homens são se-

res humanos que ficam tão estressados e amedrontados quanto você. Nessas horas, em vez de queixar-se e rejeitar seu marido, acolha-o como uma amiga de verdade e ajude-o a livrar-se do fardo, em vez de aumentá-lo. Os homens também têm sonhos; não os critique nem zombe deles, por mais ilógicos que pareçam.

Isso não quer dizer que nós mulheres não tenhamos problemas – todo mundo tem –, mas é muito mais fácil resolvê-los com um homem que você ama e respeita. Se não acolher os problemas dele, como pode querer que ele acolha os seus?"

Eu tenho ficado muito triste e surpresa com a falta de compreensão e de apreciação que muitas mulheres demonstram por esses fatos básicos. Uma ouvinte que telefonou recentemente para meu programa de rádio ganhou o prêmio com sua ligação. Ela está casada pela segunda vez, e ambos têm filhos de casamentos anteriores. Ela trabalha em horário integral e está envolvida em diversas atividades. Telefonou para reclamar do excesso de exigências de seu marido. Ele se queixava de estar infeliz porque minha ouvinte não estava lhe dedicando muito tempo dentro e fora da cama. Ela descreveu uma programação diária incrivelmente agitada, comentando que já fazia coisas demais para encontrar tempo, energia ou vontade de ter qualquer intimidade – e muito menos intimidade física – com seu novo marido.

Sugeri imediatamente que ela eliminasse algumas atividades e arranjasse espaço para o seu marido, para o relacionamento dos dois.

Ela imediatamente retrucou:

– Mas ele não deveria ser compreensivo?

Eu quase tive um troço! Ele deveria ser compreensivo e aceitar que era ignorado e que estava no fim da lista de prioridades da mulher? Respondi:

– Por que ele deveria concordar em ser um hóspede em sua própria casa, sem haver nenhum esforço da sua mulher para ter um relacionamento pessoal? Por que ele deveria estar satisfeito com isso? Por que deveria aceitar tranqüilamente a sua opção de excluí-lo de sua vida?

Ela respondeu:

– Oh! Eu não via as coisas desse ângulo.

Insisti que ela tinha de jogar fora boa parte do que estava voluntariamente deixando acumular em sua vida e abrir espaço para o marido. Caso contrário, ele iria jogá-la fora e excluí-la de sua vida. E eu não iria culpá-lo por isso.

Esses telefonemas não são aberrações. Eles refletem atitudes verdadeiramente típicas e preponderantes de muitas mulheres hoje em dia. O feminismo em seus excessos teve um papel nisso, influenciando mais de uma geração de mulheres que, de forma destrutiva, passaram a menosprezar os homens, o casamento, as obrigações com a família e a maternidade – tudo isso para seu próprio prejuízo. Uma mulher normal e saudável anseia por se apaixonar, casar e ter filhos com o homem que ama. No entanto, o fato de a sociedade – e muitas vezes suas próprias mães – lhes dizer que elas não precisam dos homens para serem felizes, para educar os filhos, ou mesmo que os filhos não precisam das mães para educá-los (a creche fará isso), tirou de muitas mulheres o estímulo e a capacidade de tratar suas vidas pessoais com o amor, a dedicação, o sacrifício, a compaixão e a lealdade que, no final, lhes trazem a felicidade e um sentido de vida.

Sonya, uma ouvinte, nos manda uma nota:

"E no fim do dia... role na cama, feche seus olhos, abrace-o bem forte e sinta que, se vocês se fizerem companheiros, serão invencíveis."

Casar com um homem, sentir orgulho de sua união, investir no companheirismo e cumplicidade, olhá-lo com curiosidade, sabendo que são diferentes e que há sempre algo a descobrir, alegrar-se com seu apoio e sacrifícios para sustentar a família e sentir prazer no papel de esposa e de mãe não significa opressão, subjugação ou abdicação de qualquer potencial feminino.

Suas atitudes, caras amigas, fazem toda a diferença na qualidade da sua vida. E a compreensão do que são os homens e do que eles gostam fará toda a diferença na qualidade de seu casamento.

Não tenham dúvida: as mulheres têm o imenso poder de determinar o comportamento de seus homens e de construir um relacionamento feliz. Este livro está aqui para ajudá-las a concretizar esse potencial.

Capítulo 1

CUIDANDO E TRATANDO MAL DO MARIDO

"Há determinadas coisas que os homens querem tanto que fariam qualquer coisa para tê-las. Creio que um bom número de homens preferiria mais ser respeitado do que amado. Gostamos de sentir que detemos um certo poder. Quase choro quando ouço você mandar as mulheres que telefonam respeitarem seus maridos. Há tanto egoísmo no mundo – nos casamentos. A independência econômica fez das mulheres umas egoístas. Sempre sinto que sou o último da fila."

EDGAR

No meu programa de rádio, não há um único dia em que eu não pergunte a pelo menos uma das mulheres que telefonam se ela espera continuar casada apesar de suas atitudes e ações hostis, ameaçadoras ou de desamor em relação a seus maridos. O mais incrível é que elas parecem surpreender-se ao imaginar que seus maridos possam ter um limite, ou que elas corram o risco de serem abandonadas por causa do seu desinteresse. Mais surpreendente ainda é o fato de esta insensibilidade às necessidades e aos sentimentos dos maridos ser acompanhada, no mesmo nível, por uma hipersensibilidade a qualquer reação do marido hostilizado – de um modo geral, reações mais que razoáveis.

Temos aqui um exemplo de uma ouvinte que telefonou na véspera de eu começar a escrever este capítulo. Esta mulher "cristã" estava casada há um ano com um judeu com quem tinha um filho de quatro meses. Antes de se casarem, ela prometera criar seus filhos como judeus, embora obviamente nenhum dos dois estivesse muito envolvido e comprometido com suas respectivas religiões (se estivessem, teriam casado com alguém que compartilhasse a mesma fé). Agora, época de Natal, ela não só tinha arrumado a árvore como já estava planejando a caçada aos ovos no dia de Páscoa. "Não quero que meus filhos deixem de vivenciar todas as maravilhosas experiências que me encantaram quando eu era criança", ela me diz justificando a quebra da promessa.

E sabem qual foi a pergunta que ela me fez, mesmo depois de eu tê-la lembrado de sua promessa e votos? "O que posso fazer para ele parar de ficar aborrecido e ofendido?" O fato de ela ter quebrado sua promessa foi facilmente esquecido, creio, por causa do duplo código de ética que a maioria das mulheres adota em relação ao que elas fazem e ao que seus homens fazem. Se as mulheres mudam de idéia, os homens precisam aceitar. Quando os homens mudam de idéia, eles são uns malvados.

Um ouvinte me escreveu para relatar sua frustração com esse código duplo. Reclamou dizendo que as mulheres precisam compreender o quanto é frustrante conviver com um código que só leva em consideração as necessidades e os desejos imediatos da mulher. Na experiência dele, tudo o que a mulher sente ou precisa é válido, enquanto que tudo o que está relacionado ao homem é considerado irrelevante ou egoísta.

Apesar das generalizações, acho que ele tem uma certa razão. Se você entrar em inúmeras "salas de conversa" voltadas para o público feminino na Internet, encontrará várias que apóiam mulheres que criticam seus homens e estão determinadas a abandoná-los por motivos fúteis ("Ele é muito caladão", "Não me sinto completa", "Eu estou farta" ou "Ele não quer que eu fale com minha mãe todos os dias").

E já que estamos falando sobre códigos duplos, não podemos esquecer o que acontece no quarto. As mulheres esperam que seus homens "compreendam" quando elas não estão a fim de ter relações sexuais, mas quando eles não podem ou não conseguem – cuidado!

O que gera esse duplo raciocínio? Uma única e poderosa palavra: o egocentrismo. E qual é a origem desse egocentrismo? Creio que o movimento feminista tem uma parcela de responsabilidade ao menosprezar a divisão dos papéis femininos e masculinos nas famílias. E acho que o egocentrismo crescente se deve também à mudança na dinâmica da família causada pelo número maior de divórcios, pela entrega das crianças às creches desde muito cedo, pelas duplas jornadas de trabalho e pela glorificação da gravidez desvinculada do casamento. Sem falar que vivemos em uma cultura que incentiva cada vez mais o consumismo e o individualismo. Estas são as principais influências destrutivas que levam as mulheres a não compreenderem que, assim como os homens, elas se tornam mais completas quando enfrentam o desafio da vida em comum e assumem suas responsabilidades familiares.

Como conseqüência disso tudo, ao se casarem, as mulheres pensam mais no que seus casamentos e seus maridos podem fazer *por elas*, e não o que elas podem fazer pelos casamentos e pelos maridos. E quando o sentido de doação, tolerância, empatia e compaixão fica tão insignificante, a intransigência e a mesquinhez destroem e descartam o que poderia ter sido um bom casamento.

O e-mail de Cindy aborda a questão do "dar" e do "fazer":

"Estou casada há dez anos e tive muita dificuldade em descobrir a importância de cuidar de meu marido. Quando vivia com meus pais, eu não percebia o quanto minha mãe se dedicava a cuidar de meu pai. Só fui me dar conta quando comecei a ter problemas no meu próprio casamento. Nesse momento, minha mãe me ajudou a compreender a função da esposa. A minha geração (estou na faixa dos 30) cresceu com a cultura do "tudo para mim". Felizmente, meus pais me ensinaram, com palavras e exemplo, que, para

sermos felizes e realizados, precisamos ajudar, amar e cuidar... dos outros! Apesar de ter crescido em um lar tão fantástico, eu não sabia o quanto isso se aplicava a um casamento. Eu achava que, de uma forma meio mágica, meio automática, um casamento excelente existia independente de qualquer esforço.

Este era um dos meus equívocos. Um outro era achar que meu marido deveria ter as mesmas qualidades de meu pai, com o qual eu sempre o comparava. Em vez de incentivá-lo e ajudá-lo a crescer, eu estava sempre acusando e criticando. Depois que meus pais chamaram minha atenção sobre isso, segui seus conselhos e passei a incentivar e a valorizar meu marido. Nosso relacionamento mudou drasticamente.

Um dia minha mãe me aconselhou a simplesmente amá-lo. Cheguei a achar esquisito – afinal, pensei, se casei com ele é porque o amo –, mas, refletindo melhor, descobri que o amor não é o sentimento exaltado que nos leva a casar com alguém. Amor significa um grande carinho, uma enorme afeição por uma pessoa e uma imensa preocupação com seu crescimento e sua felicidade. E isso deve se manifestar nos atos e palavras de cada dia. Depois da vida, o amor é o maior presente de Deus. Ame seu marido com todo o seu coração e trate-o como um presente que Deus lhe deu."

Para algumas pessoas, a idéia do amor como um presente, uma atitude ou um compromisso é nova. Infelizmente, o amor geralmente é visto como um sentimento que se apodera de nós e nos faz felizes. É claro que, *se* estamos felizes, nos comportamos bem. De alguma forma, existe a noção de que uma pessoa tem o direito de se comportar mal se não estiver sentindo aquela felicidade maravilhosa. Acha-se também que, se não estiver sentindo essa sensação adorável, ela tem todo o direito de consegui-la de alguma forma, em algum lugar, com alguém que esteja disponível. Essa sensação vem de uma cultura que colocou os sentimentos acima dos valores, da responsabilidade e do compromisso.

"Tenho direito a ser feliz, não tenho?" é o comentário que freqüentemente ouço de ouvintes frustradas porque seus casamentos não as deixam em um estado de contentamento constante. E essa idéia de felicidade, como uma sensação exaltada de bem-estar, passa a justificar seus descasos com o casamento e a família e a buscar o que elas imaginam ser felicidade no trabalho, nos amigos, nos casos amorosos, na droga, no álcool, nos passatempos. Elas se queixam e tratam sua família com hostilidade por não lhe estar trazendo o que ela tanto deseja.

Essa é uma questão séria. Quando os casamentos estão instáveis, os filhos sofrem muito e sua capacidade para alcançar a felicidade fica prejudicada. Este é o ponto que procuro mostrar às muitas mulheres que telefonam com exigências impraticáveis, atitudes absurdamente errôneas e convencidas de que o divórcio é a solução para seus problemas em casa. São duas as questões que eu as obrigo a olhar: em primeiro lugar, que os filhos do divórcio sofrerão tanto no presente quanto no futuro. Em segundo, que elas estão erradas se acham que um novo par de calças mudará suas vidas – já que a saia continuará a mesma!

Eu as desafio a fazerem o que elas reclamam que seus maridos se recusam a fazer: *mudar!* Explico que os homens são, de fato, criaturas simples, e que se elas mudarem certos aspectos de seu relacionamento ficarão muito surpresas com as mudanças que irão ocorrer. Digo-lhes para primeiro mudar de atitude, mesmo antes de mudar seus sentimentos. Peço-lhes para se comportarem "como se" tudo estivesse às mil maravilhas em seus relacionamentos: um telefonema afetuoso durante o dia, um beijo quando ele está saindo para o trabalho, uma roupa bonitinha para recebê-lo à noite, um pedido de opinião sobre algo relacionado à família, um elogio a algo bem-feito, um abraço, uma refeição gostosa, uma massagem nas costas, alguns momentos de afeto antes de tratarem de problemas de vazamentos ou financeiros e, por fim, um chamego na hora de dormir... que poderá evoluir para algo mais interessante.

Invariavelmente, as mulheres protestam. Por que deveriam ser boazinhas quando as coisas não estão exatamente como gostariam?

Clifford, um ouvinte, mandou um e-mail sobre essa atitude:

"O que aconteceu com a doçura? Se você age como uma megera, você será tratada como uma megera. Um dia em que minha esposa estava sendo surpreendentemente boazinha – coisa muito pouco comum – perguntei-lhe se estava querendo alguma coisa. Furiosa, ela respondeu: 'Eu jamais seria boazinha com alguém só por interesse. Isso se chama puxar o saco!'

Portanto, qual é a alternativa? Tratá-las como megeras? Um homem cuida de sua mulher e a mulher deveria cuidar de seu homem! É isso mesmo?"

O que me surpreendeu quando entrei no meu site na Internet, depois de ter pedido aos ouvintes que me enviassem contribuições para este livro, foi a avalanche de declarações de infelicidade por parte dos maridos – nem tanto de raiva, mas de pura infelicidade. Muitas mulheres talvez se surpreendam ao imaginarem seus maridos infelizes por causa de suas atitudes em relação a eles. Para sermos totalmente justas, em geral os homens são mais tolerantes do que as mulheres; eles tentam ser fortes e seguir em frente quaisquer que sejam as circunstâncias. É uma característica masculina originada pelo papel que o homem teve que assumir desde a pré-história. Era ele quem ia à caça buscar alimento para a família, garantindo a sobrevivência mesmo em condições adversas, era ele quem partia nas expedições e nos combates. Reflita sobre a abnegação e o autocontrole necessários para enfrentar esses desafios. Eu acredito que tanto os homens quanto a sociedade se beneficiaram por terem as mulheres suavizado essas características masculinas. No entanto, negar a realidade e o valor dos traços masculinos, além de burra, é uma atitude muito cruel com os meninos nossos filhos e com os homens nossos maridos.

Para as mulheres, o fato de os homens não manifestarem dor,

infelicidade e desespero da mesma maneira que elas parece indicar que eles não sentem nada. Na realidade, os homens se controlam e tentam conviver com os problemas e, em especial, conosco. As mulheres não deveriam medir ou avaliar o coração, a alma, as intenções ou os sentimentos de um homem tendo por base suas próprias reações. As mulheres choram e falam; os homens não ficam remoendo um sentimento, eles procuram resolver uma situação. Creio que esta característica faz com que os homens não consigam comportar-se como "a melhor amiga", mas como "parceiros" muito solidários se as mulheres souberem respeitá-los tal como são.

Ray, um ouvinte, descreveu-se como um "marido frustrado e deprimido":

"Quando ouço seu programa, tomo conhecimento de vários telefonemas de mulheres que se parecem muito com minha esposa. Conheço de sobra o desprezo dessas mulheres por suas obrigações em relação a seus maridos. É angustiante ouvir e saber que eu convivo com a indiferença de uma mulher exatamente igual àquelas que telefonam.

É impossível descrever a frustração, o sofrimento e o total desespero resultante de 24 anos de desamor. É impossível registrar todos os esforços que fiz para salvar um relacionamento que deveria ser o alicerce de nossa família, mas, infelizmente, é um fardo que carrego. É muito triste verificar que fui evoluindo – ou involuindo – de marido afetuoso e prestativo para marido preocupado e compreensivo, depois, frustrado e reprimido, mais adiante, mesquinho, irascível e deprimido, até chegar ao pobre coitado desesperado que sou hoje. A senhora precisa escrever esse livro! Se for para salvar apenas uma única família, terá valido a pena."

Ray não foi o único a se lamentar. Muitos homens convivem com a mesma dor depois de terem feito todos os tipos de tentativas para dar a suas esposas o que elas dizem querer, esperando que elas passassem a tratá-los bem, e no fim desistido de qualquer esperança de felicidade.

O que querem as mulheres? Será que elas estão à procura do "homem perfeito"? Com ótimos empregos, adoráveis com as crianças, apaixonados pelas esposas, bonitos e atléticos, grandes ajudantes no serviço de casa e fantásticos na cama?

Aqui vai um exemplo de "Eu te amo... agora transforme-se no meu marido perfeito":

Dra. LAURA: – Seja bem-vinda ao programa, Nikki.

NIKKI: – Eu gostaria de saber quando posso me intrometer na vida do meu noivo e quando não posso.

Dra. LAURA: – Por que você quer interferir tanto na vida do seu noivo? Você não gosta dele como é?

NIKKI: – Claro que eu o amo, mas discordo de algumas coisas como, por exemplo, seus modos. Os pais dele eram hippies e o deixavam fazer o que quisesse. Quando ele vai à casa de meus pais, põe a cara na comida e exclama "Puxa, que cheirinho delicioso!".

Dra. LAURA: – Acho isso um baita elogio.

NIKKI: – Mesmo se a cara dele estiver a milímetros da comida?

Dra. LAURA: – Bem, como é que ele poderia cheirá-la?

NIKKI: – Não sei... E ele não espera os outros estarem servidos para começar a comer. E no outro dia pediu palitos. Quase morri de vergonha.

Dra. LAURA: – Nikki, se você tem vergonha do seu noivo, livre-se dele. Se você tem vergonha dele, largue-o.

NIKKI: – Eu não tenho vergonha dele. Ninguém é perfeito. Estou completamente apaixonada. Mas será que ele não poderia aprender a comer com mais modos?

Dra. LAURA: Nikki, procure um homem diferente. Pare de massacrar esse aí. Estou realmente triste por você pegar um cara, afirmar que está totalmente apaixonada por ele, mas ficar dizendo o quanto ele não a satisfaz. Isso é uma ofensa. Isso não é amor. Se os modos dele a incomodam tanto agora que você se diz apaixonada, imagine depois, na convivência. A vida vai virar um inferno, porque é insuportável ter uma pessoa tentando transformar outra o tempo todo no que ela considera um homem ou um marido perfeito.

NIKKI: – A senhora tem razão. Ele se sente péssimo quando eu faço isso.

Dra. LAURA: – O que você faz é uma maldade. Como ele pode ser tão maluco a ponto de agüentar suas críticas?

NIKKI: – É porque ele não tem muita auto-estima e por isso vai agüentando.

Dra. LAURA: – Deve haver um motivo para você querer esse tipo de relacionamento com um homem. Não sei, mas talvez esse tipo de situação dê a você uma sensação de superioridade.

NIKKI: – Tenho quase certeza que sim.

Esse problema é bastante comum, especialmente com mulheres que consideram os homens uns opressores a quem elas não devem se submeter, mas, pelo contrário, dominar. E os homens são facilmente dominados pela negatividade de suas mulheres. Como eu disse antes, como os homens são criaturas simples, que nascem de uma mulher, são alimentados e criados por uma mulher e anseiam pelo amor eterno, pela admiração e pela aprovação de uma mulher, isso os torna vulneráveis aos humores, desejos, furores, críticas, decepções, insatisfações, raivas e rejeições de suas mulheres.

As mulheres precisam compreender melhor a extensão de seu poder e influência sobre os homens para não fazerem mau uso ou abusarem deles. Minhas amigas, isso não vai aumentar a felicidade de vocês.

Uma das maneiras mais típicas de uma esposa fazer mau uso do poder que tem sobre o marido é manifestando sua enraivecida decepção. Michelle, uma ouvinte, exprimiu isso muito bem:

"Meu marido e eu estamos casados há dez anos. Assim que nos casamos, comecei a assistir a novelas. Eu esperava que meu marido me tratasse como os amantes das estrelas das novelas – sem a

traição, é claro. Eu culpava meu marido por minha infelicidade. Se eu estava infeliz, esperava que ele largasse tudo de lado para me fazer feliz. Se ele dissesse que não queria jantar fora porque estava muito cansado, eu me sentia rejeitada. Se não me desse flores no nosso aniversário de casamento, ficava arrasada. As amigas com quem eu me queixava concordavam comigo e diziam que eu também não deveria ter gestos de carinho com ele. Cada vez fomos nos sentindo mais infelizes.

Em um retiro religioso descobri o quanto estava sendo egoísta. Aprendi que a minha felicidade dependia muito mais de mim do que de meu marido. Aprendi que minhas amigas não deveriam servir de ouvintes para minhas frustrações com meu casamento, porque elas sempre me incentivavam a ir contra o meu marido.

Descobri que a maioria das minhas queixas são infundadas e egoístas. Falo com meu marido sobre as insatisfações que não considero egoístas sem acusá-lo, procurando ter carinho, com a intenção de fazer com que nosso casamento seja feliz. Parei de atormentá-lo. Outra coisa que estou aprendendo é a ter paciência. Os processos – tanto os dele quanto os meus – levam tempo. As coisas não se resolvem imediatamente, mas vão progredindo."

Concordo que muitas mulheres se equivocam quando tentam avaliar o amor de seus maridos com o padrão que a mídia ou suas amigas lhes transmitem. Cada pessoa é única, e é interessante e importante procurar conhecer suas características. Uma ouvinte escreveu contando que tinha ficado toda agitada esperando que algo incrível acontecesse no Dia dos Namorados. Após ouvir histórias românticas e maravilhosas sobre o que os maridos de suas amigas tinham feito para elas nesse dia especial, a ouvinte esperava que seu marido também lhe demonstrasse nesse dia todo o seu amor de uma maneira espetacular. Como ele não se dava conta de que era o Dia dos Namorados, e muito menos da expectativa da mulher, ela ficava imensamente desapontada e decepcionada. Isso durou cinco anos. A decepção se manifestava em seu relacionamento com o marido nas semanas seguintes – sem que ele soubesse o motivo.

Um dia, ela finalmente desabafou sua mágoa. E ficou muito impactada quando ele disse: "Eu acho que demonstro meu amor por você 365 dias por ano. Se esse único dia não é perfeito, então os outros dias não contam?" Ela se sentiu uma total idiota, porque viu que ele estava com a razão. Lembrou-se de todas as vezes em que ele a surpreendera com flores sem nenhum motivo específico, dos fins de semana em que ele fazia a surpresa de levá-la para uma praia, dos muitos momentos em que ele a abraçava no meio da cozinha para lhe dizer todos os motivos pelos quais a amava.

Percebeu que por causa de sua expectativa de que ele agisse como os maridos das amigas no Dia dos Namorados ela desconsiderara tudo o que ele fazia para manifestar o seu amor. Achando que sua atitude tinha sido egoísta e injusta, escreveu:

"Acho que, se as mulheres prestassem mais atenção, elas veriam que seus maridos talvez não tenham parado de manifestar seu amor, que apenas o estão fazendo de formas diferentes. Muitas vezes eles se levantam quando o bebê chora, lavam os pratos para que ela possa descansar ou chegam em casa trazendo uma sobremesa especial para o jantar. Se não ficamos atentas para essas manifestações de amor muitas vezes sutis, privamos a nós mesmas e a nossos maridos dessa alegria e do fortalecimento da relação. Quando os esforços de alguém são ignorados ou desqualificados por tanto tempo, não é inevitável que eles venham a parar?"

Isso me faz lembrar de um fax enviado ao meu programa de rádio por uma mulher cujo marido falecera. Ela contou que via diversas amigas reclamando e resmungando sobre bobagens em seus casamentos. Comentou que essas mulheres não percebiam a sorte que tinham por experimentar esses pequenos problemas em suas vidas, e que, em vez de lhes dar tal dimensão, deveriam ficar felizes por terem alguém a quem amar e com quem se preocupar.

Em resumo, elas não sentiam gratidão por aquilo que tinham.

Kaye, uma ouvinte, enviou o e-mail abaixo para relatar seu despertar para a noção de gratidão:

"Devo dizer que a mudança ocorreu enquanto escutava seu programa no rádio, Dra. Laura. A senhora estava ouvindo uma mulher queixar-se de pequenas coisas e perguntou a ela: 'Seu marido sustenta bem a sua família? Seus filhos são crianças saudáveis? Você fica em casa com eles?' E daí por diante. Ela respondeu afirmativamente a todas essas perguntas. E aí a senhora disse: 'Então pare de reclamar! Você está se esquecendo de agradecer.'

Foi como se Deus me pegasse pelos ombros e dissesse: 'Acorda! Esta é você, sua idiota!' Naquele exato momento, no carro, comecei a agradecer a Deus por meu marido e por todas as excelentes qualidades que ele tem. Desde então, tenho me esforçado para fazer as seguintes coisas:

Agradecer a Deus diariamente por ter ao meu lado um companheiro tão especial, mencionando as qualidades específicas pelas quais sou grata.

Procurar maneiras de ser uma bênção para meu marido (tentar compreender o que lhe agrada, antecipar suas necessidades, etc.).

Mapear meu ciclo menstrual para me lembrar, nos dias de TPM, *que o que estou sentindo não é verdadeiro, que devo manter minha boca fechada e esperar a* TPM *passar.*

Evitar livros, revistas e programas de televisão que dizem como o casamento, a família e os maridos DEVERIAM *ser e, em vez de estar sempre tentando modificar as pessoas que me cercam, fazer um esforço consciente para ser grata pelo que tenho.*

Investir no meu próprio bem-estar emocional: procurar descansar, não me sobrecarregar para depois reclamar, manter contato com amigos que representem uma influência positiva.

Manter-me concentrada em construir um lar feliz para minha família, lembrar que esta é a minha principal responsabilidade e que ela tem um valor eterno. Quanto mais eu faço isso, mais feliz e satisfeita eu fico."

É muito estimulante receber uma carta como essa. Cartas que mostram como uma mudança de atitude e um compromisso com ações construtivas podem proporcionar uma alegria tão profunda.

Passo horas no meu programa de rádio tentando ajudar pessoas a superar duas mensagens diabólicas e assustadoras. A primeira declara que, de alguma forma, as mulheres casadas que ficam em casa cuidando dos filhos não são mulheres completas, porque não estão maximizando seus potenciais. A segunda afirma que os homens são seres egoístas, imbecis e incapazes de contribuir com qualquer coisa de valor para as mulheres e os filhos.

Capítulo 2

A SÍNDROME DO COELHO BRANCO

"E ao final de cada dia... relaxe. Esqueça todas as suas preocupações; o amanhã existirá com ou sem elas – por isso, sossegue. Beije seu marido, mesmo na frente das crianças. Elas precisam disso também."

SUZANNE

"Estou atrasado, estou atrasado para um encontro, para um encontro muito importante. Não tenho tempo..." foi a resposta do Coelho Branco quando Alice lhe pediu ajuda em *Alice no país das maravilhas*, de Lewis Carroll. Infelizmente, é desta maneira que muitas esposas respondem a maridos ansiosos por um contato mais íntimo. Surpreendente.

Marie, uma de minhas ouvintes, escreveu uma carta onde relatava sua queda na toca do Coelho:

"A melhor dica que eu poderia dar a esposas sobre como tratar bem de seu marido é sempre arranjar tempo para ele. Sei que esposas e mães ficam muito, muito, muito ocupadas. Não sei como eu conseguia dar conta de jogos de futebol, treinos de beisebol, reuniões de escoteiros, aulas de piano, além de preparar o jantar, lavar e passar roupas e ir ao supermercado ou ao veterinário. Juro que não sei como é que eu conseguia."

A seguir, ela contou a história de um determinado dia igual a todos os outros por causa das inúmeras obrigações e atividades. Não entanto, aquele dia era diferente. Era aniversário de seu marido e ela havia esquecido completamente. Nenhum bolo. Nenhum presente. Nenhum cartão. Nenhum indício sequer. Ela só percebeu qual era a data quando a mãe dele apareceu, como sempre fazia no aniversário do filho, com uma camisa xadrez para lhe dar de presente e inocentemente perguntou se estava muito atrasada para o bolo.

Até mesmo os filhos ficaram umas feras com ela. E o que fez seu marido? *Ele* a consolou quando ela começou a chorar de vergonha e frustração!

"Ele é um homem que trabalha das sete da manhã às sete da noite cinco dias por semana, e das sete da manhã ao meio-dia de sábado, para que eu possa ficar em casa com as crianças. Ele certamente merecia mais do que isso."

Aquela noite, sua sogra, que raramente "se intrometia", lhe disse que ela deveria cuidar melhor da pessoa com quem havia decidido passar o resto de sua vida porque, quando as crianças crescessem e saíssem de casa, ela ficaria sozinha.

"É claro que ela estava com a razão. Eu havia me envolvido tanto com as atividades do dia-a-dia que deixei de cuidar daquele cara maravilhoso que cuidava de mim. Passei a colocá-lo em primeiro lugar na minha lista de prioridades e de repente voltei a me sentir como uma esposa, e não como uma mãe exausta.

Comecei no dia seguinte colocando uma cartinha de amor em sua pasta. Recebi um telefonema no meio do dia quando ele a leu. Começamos a trocar olhares enquanto jantávamos e as crianças relatavam seus dias, e foi tão bom redescobrir esse homem maravilhoso que eu tinha conseguido para mim.

Os casamentos têm seus altos e baixos, mas, se você se mantiver concentrada nos motivos pelos quais se casou, não tem como errar."

Se a única conclusão a que você chegou nesse episódio é de

que agora Marie tem mais uma coisa com que se ocupar, você não entendeu a mensagem principal. Por exemplo, para Marie, o resultado trouxe muito mais prazer e paz. O fato de ter um relacionamento afetuoso, atento e jovial com seu marido, assim como o prazer compartilhado, *reduziu* o estresse. Este é um aspecto que muitas mulheres não percebem quando reclamam que estão exaustas por causa das necessidades de seus maridos, ou quando se julgam vítimas de suas próprias vidas.

Isso me leva a meu próximo ponto: as vidas são construídas a partir de opções. A não ser que um raio atinja a sua casa (obviamente fora do seu controle), a sua vida é construída por itens escolhidos por você, tanto os bons quanto os maus. As más escolhas (egoísmo, falta de visão, imaturidade ou, simplesmente, burrice) podem causar conseqüências bastante desagradáveis aos casamentos.

Como o dia tem apenas um número limitado de horas, só podemos fazer bem um determinado número de coisas. Portanto, é fundamental priorizar. Se não priorizarmos, distinguindo – mesmo mentalmente – o que é essencial do que é apenas necessário, coisas importantes tendem a ir para o fim da lista. Fazendo isso a cada dia e procurando manter uma certa serenidade em meio ao tumulto, diminuiremos expressivamente o estresse.

Luke, um ouvinte, me escreveu sobre um telefonema que ouvira no meu programa e que mudou seu comportamento atual. A ouvinte perguntava o que poderia fazer em relação a seu marido, que, na opinião dela, não era a principal prioridade em sua vida. Rapidamente lhe respondi dizendo que ela precisava torná-lo sua prioridade número um, caso contrário seus votos matrimoniais não valeriam nada. É claro que ela resistiu argumentando que havia muitas imposições sobre ela e que isso só iria tornar seu fardo mais pesado. Comentei que este era um ponto de vista muito egoísta e a desafiei a imaginar como seria receber do marido um comportamento igual ao seu.

Após ouvir isso, Luke escreveu:

"Fiquei pensando que é uma total loucura casar-se e não curtir o casamento com a esposa. Minha mulher e eu estamos casados há menos de um ano e eu realmente curto nosso casamento.

A seguir, comecei a refletir sobre meu próximo fim de semana, e você já adivinhou: eu estava prestes a abdicar de nossa 'noite de sexta-feira' porque achava que, além de ter que estudar para as provas finais da faculdade, precisava dar uma ordem nos meus livros. Bem, minha esposa ainda estava no trabalho quando cheguei em casa; por isso, peguei os livros e fiz o máximo que podia. Quando ela atravessou a porta, eu a abracei e lhe disse para se arrumar porque íamos sair."

Luke admitiu que estava negligenciando sua mulher na lista de prioridades – e que, se continuasse assim, iria substituir o convívio por obrigações não necessariamente essenciais. Terminou a carta me agradecendo pela lição aprendida: a de que ninguém está imune a uma ocasional falta de visão ou de objetividade.

É importante examinar esse raciocínio mais uma vez: as coisas não acontecem de um momento para o outro, mas, se não ficarmos muito atentos, corremos o risco de ir aos poucos colocando o marido ou a mulher em último lugar na lista de prioridades. E, quando vamos ver, a insatisfação está instalada no casamento.

Julie, uma ouvinte, relatou como aquilo que se faz pelo marido acaba, na realidade, beneficiando a esposa:

"Mesmo que eu também tenha passado um dia bem ocupada, posso comprar uns sanduíches gostosos, uma porção de sopa e um pratinho de salada. Planejar uma surpresa para quando meu marido chegar do trabalho me alegra e diminui muito o estresse do dia.

Ao chegar em casa, corto os sanduíches em triângulos, ponho uma azeitona em cima de cada um, coloco a sopa nos pratos que ganhamos de casamento e enfeito a salada com aipo. A seguir, tomo um banho, me perfumo e o recebo à porta com um abraço e um beijo gostoso.

Quanto tempo foi necessário? Apenas 15 minutos (eu sou rápida). O que ambos recebemos? Com simples gestos, tive a oportu-

nidade de dizer: 'Somos companheiros e você pode contar comigo porque eu te amo'. Nem preciso dizer o quanto ele ficou feliz."

Julie não precisou esperar receber demonstrações de gratidão por parte do marido para se sentir bem; ela sentiu-se bem simplesmente com o ato de dar. E, por causa disso, passou a controlar melhor suas emoções. Compreendeu?

Infelizmente, muitas mulheres não conseguem ver seus casamentos como a fonte de satisfação e sucesso que foram levadas a acreditar que poderiam extrair de suas carreiras profissionais.

Uma ouvinte, Suzanne, 43 anos de idade e casada há mais de 20 anos, mostrou-se, na realidade, hostil ao desejo de seu marido de passar algum tempo com ela.

SUZANNE: – Olá, Dra. Laura. Sou corretora de imóveis, que é uma profissão do tudo ou nada. Trabalho neste ramo há cerca de cinco anos e estou começando a solidificar minha carreira. Mas no último fim de semana meu marido me deu um ultimato: ou largo meu emprego ou ele vai pedir o divórcio.

Dra. LAURA: – Por quê?

SUZANNE(rindo): – Porque ele se sente abandonado à noite e durante os fins de semana.

Dra. LAURA: – E se ele estivesse abandonando você à noite e nos fins de semana? Você não estaria reunida com um grupo de mulheres reclamando disso? Sempre que vejo um grupo de mulheres num filme, elas estão reclamando amargamente porque seus homens estão concentrados em seus trabalhos, ou em qualquer outra coisa, e não estão lhes dando a menor atenção. Por isso, quando nós fazemos o mesmo com eles, isso se chama... o quê?

SUZANNE: – Bem, sinto que mereço ter o meu próprio negócio.

Dra. LAURA: – E ele sente que merece o seu cuidado e o seu respeito.

SUZANNE: – Eu o segui no exterior durante cinco anos.

Dra. LAURA: – Essa é uma retribuição deplorável para algo que você provavelmente concordou em fazer. Não consigo me imaginar casada com alguém que eu não veria à noite ou nos fins de semana. Suzanne, você provavelmente irá se divorciar. A mensagem que você está transmitindo a seu marido é que ser corretora de imóveis é mais importante do que estar casada com ele. Ele já preveniu você. Acho que você está sendo infantil. Com o seu talento, conhecimento e competência, você pode fazer inúmeras coisas estimulantes durante a semana e ao mesmo tempo manter os fins de semana e as noites livres para a família. Se a família não significa nada para você, você a perderá. Na minha opinião, seu companheiro não está fazendo exigências injustificadas. E, após todos esses anos e toda a sua infantilidade, ele continua a amar você e quer continuar a ser seu companheiro. Aos 43 anos, quantos outros homens vão querer isso de você, querida?

Não consigo compreender por que uma esposa vê o fato de seu marido querer a companhia dela como uma coisa ruim. Estão casados há mais de 20 anos e ele ainda quer a companhia dela? Que baita elogio!

Isso não significa necessariamente que ele queira controlá-la. Significa provavelmente que ele quer compartilhar sua vida com ela. Será muito triste se ela não conseguir enxergar isso a tempo.

Essa mentalidade que apóia o sucesso pessoal, a vitória e o poder em detrimento do amor, do casamento e da família faz mal a mulheres e homens. Quando Karen Hughes, uma das conselheiras do presidente Bush, decidiu renunciar para mudar-se de volta para o Texas e poder dedicar mais tempo à sua família, foi veementemente criticada por muitas líderes feministas. Não sei não... será que não podemos fazer livremente nossas escolhas? Como fica o "livre-arbítrio"?

Karen Hughes e milhões de outras mulheres decidiram abandonar carreiras muito absorventes. Por quê? Em grande parte porque as mulheres chegaram à conclusão, depois de sofrerem as conseqüências, de que o desejo de "ter tudo" resultou em um imenso estresse e não trouxe a felicidade imaginada. Na realidade existe até uma nova síndrome atribuída às mães que trabalham fora – a chamada "síndrome da mulher apressada", um termo cunhado por profissionais da comunidade médica que escutam as mulheres reclamarem sobre seus sobrecarregados estilos de vida.

Essa síndrome manifestou-se em sintomas como aumento de peso, baixo estímulo sexual, depressão e fadiga – todos devidos a estresse causado por tentarem fazer muito, não conseguirem manter o ritmo, não se sentirem bem-sucedidas em nenhuma das ocupações, ressentirem-se de qualquer um que tenha algum tipo de expectativa (como marido e filhos) e acabarem se sentindo amargas e deprimidas.

Boa parte das cartas que recebo de mulheres jovens relata histórias sobre como elas se sentem forçadas a encarar a vida de apenas um ângulo, como isso as leva a minimizar a família e o casamento e ao mesmo tempo maximizar sua ambição para o sucesso profissional e a conquista financeira graças às mensagens da sociedade, das escolhas de suas amigas e até mesmo das pressões de suas próprias famílias. Elas me contam que são levadas a se sentirem idiotas, fracas e burras por quererem criar seus próprios filhos (em vez de utilizar creches), por desejarem trabalhar apenas meio expediente fora de casa, por decidirem não trabalhar enquanto os filhos são pequenos (e dependerem financeiramente dos maridos), por desejarem um casamento tradicional (em vez de irem morar junto ou fazerem uma produção independente).

Essas mulheres me contam como até suas mães ou sogras as tacham de "preguiçosas" por ficarem em casa e não terem carreiras, como suas amigas as menosprezam por quererem casar e cuidar de seus homens, e da marginalização que sentem em reuniões sociais onde as mulheres falam de seus sucessos profissionais.

Dessa maneira, as mulheres que decidem direcionar suas vidas para o cuidado da família sentem-se inferiorizadas, e as que optam pelo "ter tudo" acabam adquirindo a síndrome da mulher apressada. Geralmente as mulheres com esta síndrome não cuidam bem de seus filhos ou maridos. O motivo? Quando está cansada e estressada pelas exigências de um trabalho que precisa cumprir (até para não ser demitida), você tende a fazer com que todos paguem o preço (até estranhos no trânsito).

Lembro-me de uma mulher assim nos meus tempos de consultório. Era casada e tinha um filho adolescente. Ela veio à consulta vestindo um terninho lindo, sapatos impecáveis e uma pasta de trabalho bastante usada. Andava sem parar de um lado para o outro, furiosa, porque seu marido tinha tido "a audácia" de pedir que ela lhe dedicasse algum tempo exclusivo para que pudessem conversar quando ela chegasse do trabalho.

– Será que ele não tem o menor respeito por mim? – ela esbravejava. – Será que ele não compreende que depois de um dia duro no trabalho eu simplesmente não quero que me exijam mais nada?

Olhei tranqüilamente para ela por alguns instantes e a seguir sussurrei:

– Sim para a primeira pergunta, não para a segunda.

Ela me encarou durante um tempão e em seguida voltou a reclamar sobre a falta de sensibilidade e o egoísmo do marido.

Mais uma vez, olhei para ela calmamente por uns segundos e apenas sussurrei:

– Falta de sensibilidade e o egoísmo *dele?*

Ela sentou e começou a chorar. Muitas mulheres casadas com filhos estão se exaurindo a ponto de ficarem mal-humoradas e doentes. O problema não está nas exigências de seus maridos e filhos; o problema está no que elas consideram uma vida plena. O "ter tudo" passa a ser "pau para toda a obra e especialista em nada". Se o trabalho é extenuante e cansativo, o tempo é limitado e o humor não é; então, como forma de compensar a negligência e os maus-tratos, o sentimento de culpa geralmente impele a mulher a arrumar mais atividades para os filhos. Isso gera agendas frenéticas, repletas de atividades extracurriculares que acabam estressando pais e filhos. Jantares apressados, com comida comprada em lanchonetes, começam a substituir jantares saudáveis, nutritivos, alegres e em conjunto. O isolamento atinge o auge quando os membros da família comem o que bem entendem quando bem entendem.

E como o marido é um adulto, ele é abandonado ao deus-dará ou considerado um transtorno por sua compreensível expectativa de uma vida familiar e de afeto.

Recebo também muitos telefonemas de mulheres que reclamam que as injustificadas, insensíveis, egoístas e irritantes exigências do marido em relação à "mulher exausta" constituem tortura mental! Por favor, me poupem!

Tina, 46 anos, e seu marido, Jerry, 56, me telefonaram. Jerry começou a discussão resumindo seus desentendimentos sobre o número de vezes em que um casal deveria ter relações sexuais no casamento:

JERRY: – Estou dizendo que, como nosso relacionamento é bom e saudável, não há nada de errado em termos relações sexuais pelo menos três vezes por semana. Ela acha que uma ou duas vezes a cada duas ou três semanas é bastante razoável. Eu disse que nós deveríamos consultar a senhora para que nos diga o que é saudável e o que não é.

Dra. LAURA: – Obrigada pelo voto de confiança. Tina, você ouviu o que o Jerry acabou de dizer. A descrição do problema está correta?

TINA: – Sim, sim, ela é bem verdadeira.

Dra. LAURA: – Você já gostou mais de ter relações sexuais do que agora?

TINA: – Bem, não é que eu não goste. Logo que Jerry e eu nos casamos, gostava muito.

Dra. LAURA: – Então, o que aconteceu? Ficou monótono?

TINA: – Talvez um pouco monótono. Porém, o mais importante é que estou sempre muito cansada.

Dra. LAURA: – Tina, esta não é uma desculpa aceitável. Seria bom para vocês dois que você se mantivesse saudável e disposta para poder envolver-se sexualmente com seu marido. É claro que haverá momentos em que um de vocês não estará a fim. Mas você não pode usar a desculpa de "estou cansada" todos os dias e esperar que seu marido aceite que essa importante parte íntima de sua vida seja controlada só por suas necessidades. É fundamental, até para a sua saúde, que você não se sinta cansada o tempo todo; por isso, tire uma soneca, coma mais proteínas e tome vitaminas. O que é que você está fazendo com ele e com vocês dois? A desculpa do cansaço não é aceitável. Por outro lado, se a relação ficou monótona, o que você fez para torná-la mais excitante?

TINA (com um certo desdém): – O que *eu* fiz?

Dra. LAURA: – Sim, Tina, o que *você* fez para torná-la mais excitante?

TINA: – Por que motivo *eu* preciso fazer alguma coisa?

Dra. LAURA (chocada): – Por que você é uma das duas pessoas que estão tendo relações sexuais. Porque é uma pena deixarem de investir para impedir que uma atividade tão capaz de dar prazer caia na monotonia.

TINA: – Bem, às vezes eu acendo velas aromáticas; mas reclamo especialmente durante a semana, porque ambos temos empregos muito estressantes.

Dra. LAURA: – Tina, qualquer mulher que deixa suas outras atividades interferirem nos momentos de amor e de intimidade com o marido está agindo como uma idiota. Se sua agenda está muito intensa, você deveria mudá-la. Seus outros compromissos, fora do seu casamento, estão acabando com você. Estão fazendo com que você se mostre avessa e inapetente à intimidade que constitui um grande prazer e uma bênção em um relacionamento. Além disso, os homens precisam sentir a aprovação, a aceitação e o vínculo proporcionado pela intimidade sexual com suas mulheres.

TINA: – Está bem.

Dra. LAURA: – É *isso* o que você deve fazer. Não é exaurir-se no trabalho. Você se casou com ele porque o amava e queria fazê-lo feliz, não é mesmo?

TINA: – É verdade.

Dra. LAURA: – Eu não tenho ouvido muitas mulheres se queixarem por sentirem prazer e terem orgasmos na relação com seus maridos. O prazer e os orgasmos colocarão um sorriso em seu rosto... e de quebra diminuirão boa parte da tensão.

É isso. Se você decide que a coisa mais importante da sua vida é a sua atividade profissional, provavelmente se sentirá exausta a maior parte do tempo e se ressentirá do que sente como suas "obrigações" com seu marido e filhos. Mas isso acontecerá se você não colocar afeto nessas tarefas que chama de "obrigações". Pense sobre todas as calúnias por competição, todas as demissões e todas as substituições de funcionários por máquinas e computadores no ambiente profissional. Enquanto isso, na sua casa, você pode ser uma deusa para seus filhos e uma rainha para seu marido, uma pessoa verdadeiramente insubstituível.

Agora, quero deixar uma coisa bem clara. Não estou sugerindo que as mulheres casadas não devam trabalhar. Não estou dizendo que não existam formas de manifestação criativa pessoal válidas nem recompensas especiais fora de casa. Afinal, eu mesma tenho um programa de rádio e minha carreira de escritora. Acabei de começar a velejar. Adoro enfrentar desafios e me sentir útil. Mas, desde o primeiro dia, sempre manifestei, principalmente para meu marido e meu filho, que, se algo interferisse com a vida familiar, seria atenuado ou eliminado. Uma coisa é ter um dia, ou mesmo uma semana estafante e estressante. Outra é permitir que atividades externas, por mais importantes que pareçam ser, interfiram rotineiramente nas responsabilidades das funções geradas por votos sagrados, obrigações morais e amor.

Muitas mulheres talentosas e excepcionais descobriram que quando seus pés estão firmemente plantados na família elas são muito mais capazes de desenvolver a sua criatividade do que quando se exauriam em seu emprego.

Agora, uma palavra de advertência. Os pés de uma esposa podem estar firmemente plantados em uma *única* parte da família – na maioria das vezes, nos filhos. Lynda, uma ouvinte, admite esse problema:

"Após três fracassos, a coisa mais importante que aprendi sobre tratar e cuidar de um marido é que nós, mulheres, corremos um risco enorme de esquecer de nossos companheiros quando os filhos nascem. Ignorei essa necessidade enquanto estive casada com o pai de meus filhos por 17 anos. Raramente saíamos juntos sozinhos, e eu desconhecia as necessidades dele completamente. Sempre achava que meus filhos e suas necessidades eram mais importantes. Nunca conseguia colocá-lo em primeiro lugar."

Literalmente, centenas de homens me escreveram para relatar seus sofrimentos por serem relegados após o nascimento dos filhos. A partir do momento em que se tornaram mães, as mulheres não tinham tempo para ser esposas. Os homens até as elogiavam por serem excelentes mães, manifestando ao mesmo tempo um sofrimento considerável por não se sentirem amados, queridos ou sexualmente desejados. A típica resposta de uma esposa confrontada com este tipo de reação era "só tenho tempo para cuidar de uma pessoa, e nosso filho é esta pessoa. Estou cansada demais para cuidar de você".

Essa atitude coloca os pais na terrível e desconfortável posição de se ressentirem dos filhos a quem amam tanto e os verem como adversários. Eles sentem falta do carinho, do companheirismo e da intimidade sexual que costumavam compartilhar com suas esposas. Sentem-se descartados, postos de lado, insignificantes.

E então, quando isso acontece, é claro que as esposas me telefonam reclamando que seus maridos não estão dando ou fazendo por elas aquilo que elas querem. Isso é brincadeira!

Temos aqui um telefonema de uma dessas mulheres, a Lynn.

LYNN: – Tenho uma filha com um ano e dez meses e me dedico a ela cem por cento do tempo. No Dia das Mães, meu marido não me deu nada – nem um cartão –, e eu fiquei muito magoada.

Dra. LAURA: – Do que é que ele está com raiva?

LYNN: – Não sei.

Dra. LAURA: – Qual seria o seu palpite?

LYNN: – Bem, eu perguntei a ele na noite passada, e talvez ele se sinta um pouco negligenciado porque minha filha é o foco da minha atenção, mas...

Dra. LAURA: – Em outras palavras, como se sente negligenciado por você, ele não se sente motivado a agradá-la. Minha amiga, isso é uma questão muito simples. Algumas mulheres, quando se tornam mães, começam a achar que seus bebês são o centro do universo e esperam que seus maridos se mantenham girando ao redor delas, estejam ou não recebendo algo em troca. Só que as coisas não funcionam dessa maneira. Ao se sentirem rejeitadas, as pessoas também se afastam. Os homens rejeitados perdem a vontade de serem românticos.

LYNN: – Bem, é difícil agradar um homem que também ignorou o Dia dos Namorados.

Dra. LAURA: – Essa é outra conseqüência de você tê-lo ignorado.

LYNN: – Está bem.

Dra. LAURA: – Em vez de ficar mal-humorada por não ter recebido um presentinho, veja isso como um sinal de que, se quiser que ele a trate como a mulher dele, você deve começar a tratá-lo como o seu homem. O fato de você ter tido um filho não lhe dá o direito de ignorar seu marido. E você provavelmente não está lhe dando nem dez por cento da atenção que dava quando estavam namorando.

LYNN: – É possível. Quer dizer então que sou eu que preciso interromper o ciclo? É isso o que a senhora está dizendo?

Dra. LAURA: – Você é a única pessoa que pode fazer isso.

Ela observou que se interrompesse o ciclo, tomando a iniciativa de ser carinhosa e atenciosa, e o marido não mudasse o comportamento em relação a ela, isso a magoaria muito. Baseada em minha experiência, pude lhe garantir que os homens perdoam qualquer coisa quando nós, mulheres, os tratamos bem. Eles definitivamente não guardam rancores com a mesma obstinação da maioria das mulheres. Lembre-se do que eu já disse: os homens são criaturas simples que dependem muito de suas esposas para se sentirem aceitos, aprovados e amados. Quando esses três As são restabelecidos, o mundo deles volta aos eixos.

Ken, um ouvinte, chamou a atenção para o fato de que muitas esposas "quando se tornam mães, se tornam também as segundas mães de seus maridos". Ele continuou:

"Em vez de agirem como costumavam agir quando estavam procurando um 'pai' para seus filhos, elas adotam esse 'comportamento de mãe' o tempo todo. Isso faz com que a maioria dos homens se desinteresse, ou os empurra em outra direção... Muitas esposas assumem o pior aspecto das mães: gritam ordens e regem a família com sua batuta. E se esquecem completamente de ser esposas, mulheres, amantes e companheiras, mesmo quando estão sozinhas com seus maridos."

Há muito tempo as mulheres reclamam que seus homens trazem trabalho para casa nas suas pastas e nas suas cabeças. Muitas não se dão conta de que os maridos, voltando de um dia cansativo e estressante, as encontram obcecadas pelas questões domésticas, sem nenhuma disponibilidade para eles.

Freqüentemente ouço neofeministas zangadas lamentarem que a sociedade opressora (ler: homens) espera que as mulheres saracoteiem com um corpo perfeito: sem nenhuma celulite, ruga ou fio de cabelo branco. Não há dúvida de que isso se aplica a alguns homens superficiais, mas a maioria sente que as atitudes, as posturas e os comportamentos das mulheres são mais importantes do que um corpo perfeito. Se uma esposa *se comporta* de maneira sensual e sedutora, se o modo pelo qual *olha* seu marido, o *toca* e *conversa* com ele transmite interesse, amor, respeito e atração, ele fará qualquer coisa e qualquer sacrifício por ela. Por outro lado, se ela estiver ocupada demais tentando moldá-lo para agir como ela quer, esquecendo-se de ser sua companheira, amante e mulher, ele certamente se esquecerá do Dia dos Namorados, das datas especiais e dos aniversários. Não é difícil compreender isso, é?

Evan, um ouvinte, confirma essa realidade:

"[Minha esposa] acha que, se ela não ficar repetindo a mesma lengalenga várias vezes, não farei algo. Mas isso faz eu me sentir filho dela, como se 'a mamãe' precisasse ficar o tempo todo de olho em mim. Isso é humilhante. Quero ser admirado, valorizado, sentir-me amado. Não tenho vergonha de confessar que meu maior prazer é me sentir seu herói. Como seu 'homem' e não como seu menino."

Não podemos deixar de reconhecer e enfatizar que, às vezes, a vida da esposa fica tão cheia de obrigações em relação à sua família que ela se esquece das necessidades do marido. É compreensível, mas é justamente por isso que estou escrevendo este livro. A maioria das mulheres casadas corre um risco danado de acreditar que seus maridos devem servi-las e que todas as exigências que eles fazem são injustificadas e egoístas. Quando digo às mulheres que telefonam que, em relação a seus maridos, elas são *obrigadas* a fazer tal e tal coisa (Atenção! Como eles também o são em relação a elas), geralmente obtenho duas reações: a primeira é de surpresa e a segunda é de raiva, como se eu as estivesse oprimindo.

Reflita sobre isso durante alguns instantes: quantas revistas femininas mencionam as obrigações das mulheres em relação a seus homens e filhos? Não muitas. Os típicos artigos são sobre a merecida liberdade. Artigos sobre creche versus tomar conta das crianças, sexo fora do casamento versus sexo no casamento, caso extraconjugal versus fidelidade são oferecidos como chamarizes para as mulheres.

Hoje em dia há tantas mulheres jovens que são produto de divórcios, que foram negligenciadas por mães profissionais, que foram doutrinadas e se encontram cercadas por uma cultura que glorifica o individualismo, ignorando a solidariedade e mesmo o sacrifício, que não causa espanto muitas mulheres se "surpreenderem" ao se depararem com a palavra "obrigação" em relação aos maridos e filhos. É interessante também observar como inúmeras mulheres ficam felizes e realizadas quando conseguem dedicar-se com afeto e cuidado. É por causa delas que este livro se tornou uma necessidade.

Muitas mulheres se deixam prender por obrigações a todos os tipos de membros da família e amigos sem se sentirem oprimidas ou com raiva. Muitas esposas permitem que amigos e familiares as visitem, ou se mudem para suas casas, sem consultar seus maridos ou mesmo contra a sua vontade, porque decidiram que essas boas ações precisam ser feitas, e aí – grande surpresa – elas não têm mais tempo para os maridos.

Uma ouvinte, Karen, levou isso ao extremo. Ela está casada há seis anos e tem um filho de quase dois. Logo após engravidar, sua mãe foi diagnosticada com câncer e foi morar com eles. Quando o neném nasceu, a saúde da mãe começou a piorar e Karen sentiu que tinha a obrigação de tomar conta dela e do bebê. Ela achava que seu marido podia se virar sozinho.

Então, um dia, ela o descobriu vendo sites pornográficos na Internet e decidiu largá-lo. Pegou o filho e a mãe e foram morar com suas irmãs mais velhas, para que dividissem a tarefa de cuidar da mãe. Depois da morte da mãe, Karen continuou morando com as irmãs. Dois anos se passaram; o marido voltou a procurá-la, querendo ter sua família de volta. Karen disse que o amava e, embora acreditasse que para o filho seria ótimo ter o pai morando em casa, o problema é que ele era vice-diretor de uma empresa na Califórnia e ela queria continuar morando na costa leste, onde estava com suas irmãs.

Dra. LAURA: – Mas esse é seu problema constante, Karen: tudo gira em torno de você – seu bebê, sua mãe, onde você quer estar, como você se sente. Jamais sobre o fato de ser esposa de alguém.

KAREN: – A senhora tem razão.

Dra. LAURA: – Estou surpresa por você ter concordado. Percebo atualmente que cada vez mais as mulheres assumem que, após se casarem, poderão continuar pensando exclusivamente nelas mesmas, e que os maridos terão de se manter impassíveis e agüentar tudo. Por quê?

KAREN: – Não sei.

Dra. LAURA: – Você precisa se mudar para o lugar onde seu marido está. Ele se realiza no trabalho que tem e sustenta a família. Acho que para você isso não está claro.

KAREN: – Bem, ele disse que está disposto a vir para cá. A arrumar um emprego aqui.

Dra. LAURA: – Mas ele tem um emprego de que gosta e onde pode progredir. Simplesmente não acredito que você exigiria que ele deixasse o certo pelo incerto. Já está mais do que na hora de você largar a sua família. Quando se casou, você formou uma nova família. Suas irmãs mais velhas eram descomprometidas e moravam perto da sua mãe, mas você decidiu assumir toda a responsabilidade pela doença dela e abandonou seu marido. E se ele tivesse feito o mesmo? E se ele só desse atenção ao filho, à mãe dele, à família dele, ao lugar onde ele quisesse morar, se só pensasse nas próprias necessidades e ignorasse você por completo? Você estaria se sentindo como se não houvesse um lugar na vida dele para você.

KAREN: – A senhora tem razão. É assim que ele se sente.

Dra. LAURA: – Onde foi que você aprendeu que esse tipo de atitude é o correto?

KAREN: – Não sei.

Na verdade, ela sabia – só que não se dera conta até eu insistir. O que acontece é que durante todo o crescimento de Karen não havia homens em sua família. A mãe e as irmãs mais velhas eram divorciadas. Como os homens nunca foram um problema, seu marido não era um problema... até então.

Dra. LAURA: – Sabe de uma coisa? Aposto que suas irmãs se sentem infelizes e que todas têm sérios problemas emocionais.

KAREN: – A senhora tem razão.

Dra. LAURA: – Vou lhe dizer algo que pode parecer cruel: acho que suas irmãs estão "doentes", porque nenhuma delas consegue manter um relacionamento com um homem, e talvez estejam muito satisfeitas por estragar o seu. Você quer ser como elas? Ou quer ser uma mulher casada e contente por ter um companheiro e um filho crescendo em um lar feliz?

KAREN: – Sim, eu certamente quero ser uma mulher casada e feliz.

Dra. LAURA: – Então acompanhe seu marido e faça-o sentir-se importante. Telefone para ele e diga que você o ama, que precisa dele e que seu filho precisa dele. Diga-lhe que você está indo para a Califórnia.

A verdade é a seguinte: um dia tem um número determinado de horas, e a energia de que podemos dispor é limitada. Por isso, precisamos fazer escolhas. E se você decidir não colocar seu marido em primeiro lugar, ele lamentavelmente fará o mesmo com você.

Capítulo 3

"COMO VOCÊ É IRRITANTE!"

"Querida, como minha esposa, é parte de sua função me lembrar de qualquer obrigação que eu não esteja cumprindo, assim como é minha função, na qualidade de seu marido, lembrar a você as suas. Você sabe que faço o máximo que posso, mas pode ser que eu erre. Por isso, quero pedir: se houver alguma coisa que eu não esteja fazendo, ou esteja fazendo de um modo errado, mostre-a para mim, para que eu possa mudar. Mas insisto numa coisa: estou pedindo para você mostrar – e isso é contribuir para a felicidade do nosso casamento – e não para me criticar e me acusar – o que não leva a nada."

BILL

"Você me pede sugestões para seu livro sobre como ter um casamento feliz. Antes de tudo, é preciso que a mulher pare de reclamar. É fácil choramingar sobre as dificuldades da vida. Quando me aproximo da minha mulher mostrando que 'estou a fim', preciso primeiro agüentar 20 minutos de reclamações sobre isto, isso ou aquilo, antes de conseguir tocá-la. Eu achava que se ajudasse em casa e aliviasse um pouco o peso em cima dela conseguiria ganhar sua afeição. Nada disso. A ajuda nunca é suficiente e, além disso, estou sempre errado. Um pouquinho de delicadeza ajudaria muito no nosso relacionamento."

BRUCE

Bruce está com a razão. A reclamação universal dos homens que escrevem para meu website, com suas opiniões sobre as necessidades masculinas, é a de que suas esposas criticam, reclamam, resmungam, raramente elogiam ou manifestam apreciação, são difíceis de satisfazer e, basicamente, não os tratam com a mesma delicadeza com que tratariam um estranho que batesse à porta às 3 horas da madrugada! Estes não são homens que odeiam suas esposas ou que estão querendo se divorciar; muito pelo contrário, são homens que amam suas esposas e que tentam fazer o possível para agradá-las. No entanto, eles se sentem infelizes e solitários.

Ken, um outro ouvinte, tem 38 anos, está casado há nove e tem dois filhos com menos de três anos. Ele escreveu para manifestar sua opinião sobre as lamentações de uma esposa, explicando que a questão não é ter problemas com o marido. A questão é a *forma* de manifestar o problema. Ele acha que qualquer dificuldade pode ser resolvida desde que seja exposta sem "criticar, acusar, brigar, culpar ou se lamuriar". Ken, tal como Bill, diz que tudo é uma questão de postura: ou a intenção é resolver o problema como um investimento na felicidade do casal, ou se trata de uma disputa para ver quem sai vencedor. Ele reconhece que o mesmo se aplica ao marido quando vai expor suas dificuldades para a mulher.

Eu concordo, mas este livro, como já disse, é dirigido prioritariamente às mulheres. O fato é que "os homens não gostam quando elas apenas reclamam das coisas", disse Ken. Na realidade, eles odeiam isso. Se um homem não consegue encontrar paz em sua própria casa, onde ele deveria poder relaxar e sentir-se querido, amado e feliz, ele começa não só a odiar ir para casa como a odiar a própria vida. Essa triste realidade freqüentemente deflagra comportamentos tais como beber ou usar drogas, ir em busca de sites pornográficos na Internet, namorar a colega de trabalho que o valoriza ou até apaixonar-se por ela.

E as mulheres apenas não reclamam ou se queixam de aborrecimentos domésticos; elas também podem ser bastante agressivas, hostis e rudes sobre o que elas chamam de "coisas de homens". John e Maria me escreveram suas observações sobre casais presos nessa armadilha. Eles descreveram esposas que ridicularizam os homens quando eles começam a discutir questões políticas, esportes ou o mercado de ações. "Essas mesmas mulheres ficariam furiosas se os homens ridicularizassem seus trabalhos manuais, sua culinária, suas ginásticas, suas massagens ou suas tendências consumistas." Como isso é verdade!

John e Maria também escreveram sobre esposas suas conhecidas que tinham se associado a vários clubes e grupos só para mulheres e que esperavam que seus maridos ficassem em casa tomando conta das crianças (o que eles faziam sem reclamar) enquanto elas praticavam essas atividades, mas ficavam furiosas quando os maridos queriam fazer coisas tipicamente masculinas sem elas, como pescar, jogar pôquer ou até mesmo ficar na garagem montando e desmontando coisas. Nesses casos, muitas vezes o marido é visto como negligente, insensível e egoísta, enquanto a esposa apenas faz o que se julga no direito de fazer, porque, como se dedica tanto à família, necessita de um tempo só para ela. Vejam quem fala sobre insensibilidade e egoísmo!

Além das reclamações sobre "coisas de homem", elas reclamam dos antigos romances dos maridos. Estes são os telefonemas que torram a minha paciência. Há pouco tempo, no meu programa de rádio, uma esposa telefonou para perguntar se deveria confrontar seu marido sobre um cartão de Natal que ele tinha recebido de uma ex-namorada. Parece que essa ex (de muito tempo atrás) enviou um cartão de Natal com fotografias de sua família e um bilhete para botar as notícias em dia. Minha ouvinte estava reclamando de coisas pessoais que essa ex relatara e de como isso era inadequado.

Dra. LAURA: – O que era especificamente provocador, sedutor ou inadequado no cartão? Me dê o exemplo mais abominável.

OUVINTE: – Ela fala em detalhes sobre seu casamento e seus filhos.

Dra. LAURA: – Você está se sentindo ameaçada e zangada por causa de uma mulher bem casada, que escreve para seu marido apenas uma vez por ano... e em um cartão de Natal... e que fala de sua família? Meu Deus, você reclama freqüentemente de questões tão triviais e completamente fora do controle dele?

Acredite você ou não, mas ela se manteve irredutível sobre o quanto achava isso inadequado e como iria confrontá-lo a respeito do cartão. Senti muita pena do marido dela, que, ao que tudo indica, não terá um Natal muito alegre.

Todas essas reclamações, queixas e críticas que os homens rotineiramente ouvem de suas esposas (sejamos honestas, meninas, é exatamente assim que nós agimos) não fazem muito bem ao ego deles, o que os impele a se esforçarem mais – durante um certo tempo – para depois desistir... e aí teremos mais motivos para reclamar. Veja se esse não é um ciclo vicioso!

Jim, um ouvinte, disse que tinha um doutorado em ciência e que se sentia muito prestigiado e valorizado em seu ambiente de trabalho.

"Sempre recebi avaliações ótimas em tudo que faço. EM CASA, NÃO CONSIGO FAZER NADA CERTO! *Às vezes passo vários minutos analisando uma tarefa, tentando decidir exatamente como agir. Após pesar os prós e os contras, tomo uma decisão e ajo. Quase sempre eu ouço: 'Por que você fez isso? Está completamente errado...', ou escuto 'Quem pôs essa droga aqui?', ou às vezes me dizem 'Isso é uma burrice'.*

Muitas vezes minha esposa menciona uma segunda ou uma terceira opção que eu já havia descartado antes de tomar a decisão. Explicações não são bem recebidas, e, se eu disser que não gosto de ser chamado de burro, em vez de um pedido de desculpas provavelmente enfrentarei uma discussão.

É algo que vai debilitando você e acabando com a relação."

Ele quis dizer exatamente isso. E o marido de Cathy também – um pouco antes de largá-la. Cathy me escreveu contando como era imatura quando se casou. Envolveu-se demais com a casa e os filhos, e quando seu marido chegava em casa depois de um dia duro no trabalho tudo o que fazia era reclamar e se queixar da própria vida. Nunca se interessou de fato em saber se ele estava feliz.

"*Ignorei seus sentimentos e, no fim, perdi meu marido para uma outra mulher, e meus filhos perderam o pai. Meu Deus, se eu apenas tivesse dedicado a ele a mesma atenção que dedicava a meus filhos. Agora que estou com quase 50 anos me arrependo amargamente por ter sido tão egoísta e burra. Puxa, aprendi com meus próprios erros.*"

Estou convencida de que muitas esposas simplesmente não sabem o que fazer, ou como se comunicar quando não estão reclamando, se queixando ou criticando. Em meu programa, muitas vezes sugiro às mulheres que elas tratem da comunicação com o marido com o mesmo carinho que dedicariam a um cachorrinho de estimação. Pode parecer esquisito, mas é isso mesmo. Digo-lhes que, em vez de constantemente gritar "NÃO!" a qualquer amolação, transgressão, diferença de ponto de vista, opinião ou estilo, elas deveriam elogiar mais aquilo de que gostam no marido. Aposto que dessa maneira elas teriam espaço e acolhida para falar com eles sobre alguma coisa relevante que precise ser *negociada* entre os dois!

Meu marido afirma que o ato de reclamar faz parte do cromossomo feminino – que ele simplesmente está inserido no DNA das mulheres. Mas, mesmo que seja verdade, será que isso nos exime de culpa? Será que podemos afirmar que nós, esposas, reclamamos porque isso faz parte da nossa carga genética?

Creio que não, mas observo que reclamar é uma característica mais feminina.

Raquel, uma ouvinte, escreveu dizendo que achava que reclamar era um direito da mulher casada. Que embora ela e seu marido estivessem casados há apenas um ano, eles discutiam todos os dias! Ela queria que os dois fossem a um conselheiro matrimonial que ajudasse seu marido a descobrir o que *ele* estava fazendo de errado. Rachel considerava todas as suas necessidades importantes. Por exemplo, ela reclamava da maneira como ele lavava os pratos, ou ficava zangada por causa de algo que ele mencionara três meses antes.

"Se eu não exercesse o meu direito de reclamar, ele jamais saberia que estava fazendo algo que me aborrecia. E, por ser meu marido, ele não deveria ficar uma fera – apenas aceitar a reclamação como um homem adulto."

Ou seja, "como um capacho", é o que ela realmente quis dizer. Obviamente, isso causou problemas no relacionamento dos dois. Por fim, ela admitiu ser culpada e achou a solução para o problema: simplesmente calou a boca. Um milagre aconteceu. Eles passaram a discutir menos. O casamento melhorou. Ela pediu desculpas por lhe ter causado tanto sofrimento.

Rachel termina assim sua carta: "O que me faz concluir: reclamar não é uma virtude. Reclamar não produz nada de bom."

De fato, mas a apreciação produz muita coisa boa. Examine os dois cenários abaixo – pode parecer caricatura, mas eles acontecem em inúmeros lares – e me responda: qual deles você acha que produzirá os resultados desejados?

O lixo precisa ser levado para fora.

CENÁRIO 1: Grite com seu marido a cada cinco minutos para lembrar-lhe de que o lixo precisa ser levado para fora. A seguir, recrimine-o por ainda não ter levado, apesar de seus lembretes e do que ele possa estar fazendo. Depois, comece a subir o tom, mencionando tudo o que ele fez para aborrecer você na última década. Aí, assim que ele levar o lixo para fora, diga-lhe "Até que enfim!". Vá então para o seu quarto batendo as portas, faça beicinho e dê as costas para ele na cama.

CENÁRIO 2: Diga-lhe que você já colocou o saco de lixo junto à porta dos fundos. Peça-lhe para colocá-lo na lixeira se/quando tiver tempo. Não mencione isso outra vez (de qualquer maneira, por que se amolar, já que o caminhão do lixo só virá amanhã?). Quando ele estiver entrando em casa após ter jogado o lixo na lixeira, abrace-o e beije-o, dizendo que essa é uma tremenda ajuda e agradecendo.

Na sua opinião, qual abordagem irá assegurar que o lixo será levado para fora todas as noites? E qual delas irá assegurar um ambiente feliz nessa casa?

Os homens adoram ouvir "Você é o máximo!". Por que será que as esposas têm tanta dificuldade em lhes fazer este elogio? De onde vem tanto falso orgulho, ego, rancor e teimosia?

É impressionante como muitas mulheres têm necessidade de manter controle sobre seus maridos. Sara, uma ouvinte, e eu discutimos quando ela veio se queixar disso.

Sara e o marido estão casados há 15 anos. Ela disse que se casou porque ele era "muito bonzinho". Imediatamente repliquei sugerindo que ela tinha feito essa escolha porque o fato de ele ser "bonzinho" a colocava no comando. Depois de casada, ela passou a ver a bondade dele como uma "fraqueza" e fica frustrada com sua falta de pulso na hora de disciplinar os filhos.

SARA: – Conversamos sobre isso e eu lhe disse que queria que ele me ajudasse.

Dra. LAURA: – Só que ele nunca faz da maneira certa, não é?

SARA: – Não é que ele não faça da maneira certa. O problema é que ele não faz nada.

Dra. LAURA: – Sabe por quê? Porque você sempre o critica quando ele faz alguma coisa, dizendo que foi inadequado. Por isso agora ele não se envolve. Este é um ciclo vicioso. Sugiro que vocês busquem ajuda profissional. O conselheiro provavelmente dirá a seu marido que ele precisa caminhar sozinho e parar de reclamar por não ter o controle, já que ele deixa que você assuma o comando. Se ele quiser que você e os filhos o respeitem, terá de ser mais enérgico, algo que não faz parte da sua personalidade. Você tem duas alternativas: acusar seu marido e criticá-lo ou ajudá-lo a superar sua dificuldade. Vamos experimentar uma coisa? Quero que você fique atenta durante toda a semana para deixar seu marido agir, sem criticá-lo quando ele, de fato, exercer a autoridade. Quando você assume o controle, ele se acomoda: "Por que vou me amolar? Que ela faça do jeito que achar melhor."

SARA: – A senhora está certa. É exatamente isso.

Dra. LAURA: – Portanto, mesmo que ele apenas aja sessenta por cento do tempo ou faça sessenta por cento do que você gostaria, isso é melhor do que nada. Veja, Sara, estar no controle parece maravilhoso, mas chega um momento em que você se sente sobrecarregada, precisa de ajuda e quer um parceiro. Por exemplo, se seu filho jogar água no chão de propósito, peça a seu marido: "Será que você poderia resolver isso, por favor?" A seguir, saia de perto, não pare nem mesmo para ver o que vai acontecer. E aí vem a parte mais importante – diga "Muito obrigada".

SARA: – Está bem.

Para os homens, é muito difícil chegar do trabalho e ficar apenas ouvindo que não estão fazendo o suficiente dentro de casa. Desta forma, eles começam a se sentir inúteis. Um ouvinte, Chris, conviveu tanto tempo com esse tipo de situação que acabou tendo um caso com uma mulher que obviamente o tratava como um herói.

Roy, um ouvinte que, apesar de casado, se diz solitário, afirma que é difícil ser um bom marido quando ouve constantemente que, de um modo geral, não satisfaz as expectativas de sua esposa. Ele anseia ser valorizado pela mulher, mas ela prefere assinalar que ele deixa a luz acesa, que não pendura a toalha de banho, que esquece roupa na cadeira, que conta histórias longas demais, que anda na contramão no estacionamento, que guia muito devagar, etc.

Ele deu o seguinte conselho às mulheres:

"Se você não consegue valorizar o lado positivo, pelo menos reconheça que ele existe. O mundo está cheio de propaganda sobre requisitos fantásticos que os homens normais não conseguem preencher. Sempre há um outro homem mais bonito, mais destemido ou mais forte do que nós. Nada disso importaria se, apesar de não sermos perfeitos, a pessoa mais importante nas nossas vidas nos admirasse, nos aceitasse como somos e nos amasse.

Dentro de nós talvez exista uma parte do menininho que nunca abandona o homem adulto, não sei. Tudo o que sei é que o homem cuja esposa o apóia e elogia pelas boas coisas que faz é invejado por todos os outros homens que convivem com a crítica, o sarcasmo e as constantes lembranças de seus fracassos."

Puxa, essa doeu.

Toda essa crítica aos homens não produz nada de bom: ela não os faz se sentirem *mais* queridos e diminuem o amor da esposa por seu marido. Isso é verdade: a crítica destrói sentimentos de amor por seu alvo. Por outro lado, a simples eliminação ou diminuição da crítica aumenta os sentimentos de amor. E o reconhecimento e apreciação das qualidades positivas alimenta o amor de forma poderosa.

Sara escreveu dizendo que nunca percebera que era mais gentil com as pessoas do telemarketing do que com seu marido, e que muitas de suas amigas casadas também tratavam com mais consideração pessoas totalmente estranhas do que os próprios maridos. Ela jamais conseguia ver uma qualidade no que o marido fazia – só conseguia enxergar a lama que ele trazia para dentro de casa.

Relatou que acha que começou a mudar quando não conseguiu mais suportar a própria hostilidade com o marido. Ou porque verificou que viver com alguém que ela desvalorizava fazia com que ela também não se desse valor. Percebeu que estava se descuidando, saindo sem maquiagem ou ficando de pijama em casa. As mudanças não acontecem de uma hora para outra, mas Sara e o marido estão em pleno processo de descoberta e valorização mútuas.

Freqüentemente, recebo telefonemas de mulheres que lamentam ter perdido o amor por seus maridos. Elas, é claro, acham que isso ocorre porque há algo de errado com seus homens. O que acontece, no entanto, é que muitas vezes elas agridem os próprios sentimentos de amor com a péssima maneira de tratar seus homens. Pare e pense a respeito.

Freqüentemente me surpreendo com a mesquinhez da reclamação e com a total incapacidade de enxergar uma outra maneira de lidar com a situação. Muitas vezes a percepção derrotista que parece surgir primeiro acaba dominando toda a emoção e a razão.

Tina me telefonou para falar sobre seu casamento de cerca de um ano. Era o seu segundo casamento, e ela e seu marido tinham um bebê recém-nascido. Eu sei que, pelo menos no primeiro ano após o nascimento, principalmente se a mãe está cuidando sozinha do filho, as emoções podem ficar um pouco tensas. Mas o que ela relatou é absolutamente ridículo.

Furiosa, ela me contou que seu marido tinha mentido para ela sobre a perda da aliança dele.

TINA: – Ele disse que perdeu a aliança há cerca de um mês. Ele não me falou nada a respeito. Foi a uma joalheria e comprou outra aliança idêntica. Eu descobri porque a conta da joalheria chegou pelo correio. Só que ele encontrou a aliança velha e agora, além de ter mentido para mim, tem duas alianças e uma conta na joalheria.

Dra. LAURA: – Mentiu sobre o quê?

TINA: – Ele nunca me disse que tinha perdido a aliança.

Dra. LAURA: – Por que isso é uma mentira?

TINA: – Porque acho que ele deveria ter me contado.

Dra. LAURA: – Não ter contado para você não é a mesma coisa que mentir. Ele não mentiu. Vendo a forma como você reage, posso compreender por que ele não quis dizer nada. Você parece ser muito temperamental. Foi por isso que ele substituiu a aliança antes que você descobrisse e ficasse uma fera. Ele não queria deixá-la magoada, preocupada ou zangada. Ele estava tentando solucionar o problema e mantê-la feliz. E por causa disso você telefona para um programa de rádio para esculhambá-lo.

TINA: – Eu realmente acho que ele não foi honesto... A senhora acha que ele agiu direito?

Dra. LAURA: – Acho. Ele agiu corretamente. Além de não querer magoá-la, imagino também que ele não acreditava que poderia falar sobre isso sem que você ficasse zangada.

TINA (com sarcasmo): – Estou certa de que ele ficará muito feliz ao ouvir sua opinião.

Dra. LAURA: – Sabe, Tina, espero que você comece a tratá-lo um pouco melhor, porque você tem um bebê e já está no seu segundo casamento. Acho que você não deveria mostrar as suas garras tão depressa.

TINA: – Tudo bem, é verdade. Acho que me descontrolei desse jeito porque odeio a falta de honestidade.

Dra. LAURA: – Bem, na minha opinião, não houve desonestidade; houve muita aflição e até medo. Você está projetando no seu casamento atual as más recordações do seu primeiro casamento. Você poderia botar tudo a perder hoje.

TINA: – Não quero fazer isso.

Dra. LAURA: – Bem, então, quando ele chegar em casa, quero que você o abrace e lhe peça desculpas, dizendo o quanto estava fora de si. Diga-lhe que não gosta de ser agressiva e impulsiva e peça para ele ajudá-la. Agradeça pela intenção de não aborrecê-la com a perda da aliança. Mas sobretudo afirme que você deseja construir uma relação de confiança e companheirismo. É isso o que você quer?

TINA: – Claro que quero. Obrigada pelo conselho.

Um motivo para as garras surgirem tão depressa é que muitas mulheres que já passaram por inúmeros relacionamentos íntimos, uniões e casamentos têm um poço de mágoas e desapontamentos. Não querem sofrer... outra vez. Elas se tornam supersensíveis e distorcem a realidade com muita rapidez. É preciso ter consciência disso e se esforçar para amar seus maridos sem jogar em cima deles mágoas do passado. Caso contrário, elas destroem o presente.

Mais uma vez, cuidado com os conselhos das amigas ou de grupos de mulheres!

Grace, uma outra ouvinte, reagiu com franqueza à prática de falar mal dos maridos que pode ocorrer nos grupos. Na sua carta, ela descreveu sua participação em um grupo de mulheres do restaurante onde trabalhava. Na época ela estava tendo problemas matrimoniais que a incomodavam. As reclamações no grupo começaram devagarzinho, com pequenas queixas, mas o tom foi aumentando e as reuniões se tornaram violentas sessões para atacar os homens.

Em uma dessas reuniões, após quase uma hora de queixas, alguém percebeu que Grace ainda não havia falado. As mulheres pediram que ela expusesse seus problemas, achando que ela devia ter reclamações realmente muito sérias. Talvez tenha sido naquele momento que Grace teve sua "revelação". Ela falou para o grupo o que achava.

"Eu disse que os relatos tinham me deixado a impressão de que elas eram culpadas pela maioria das coisas que reclamavam. Ficaram chocadas. Perguntei qual fora a última vez em que tinham preparado um jantar para seus maridos e comido à luz de velas? Qual fora a última vez que tinham massageado as costas de seus maridos? E fui por aí adiante. O que eu estava perguntando era qual fora a última vez que elas tinham feito alguma coisa PARA *eles. Todas, sem exceção, se mantiveram imóveis, olhando para mim.*

Creio que as mulheres esquecem o que significa dar-e-receber no casamento. De alguma forma, sentimos que, após nos casarmos, nossa parte no 'dar' se restringe a lavar pratos, preparar o jantar e cuidar das crianças. Então, esperamos que nossos maridos nos recompensem com massagens nas costas, flores e programinhas – mas nós não tomamos a iniciativa nem lhes retribuímos essas delicadezas.

Será que nós os recompensamos por irem trabalhar, consertarem a máquina de lavar ou levarem o carro para a oficina? Eles precisam ser recompensados por isso também. Porém, este não é o motivo pelo qual você deve fazer essas coisas. Elas não são prêmios de recompensa. Você as faz porque ama seu marido e quer demonstrar concretamente esse amor.

Se você quer manter aceso o fogo do seu casamento, precisa acrescentar combustível. Portanto, se uma mulher lança a fagulha, o homem a imitará acrescentando alguns gravetos, a seguir ela poderá colocar mais alguns, ele retribuirá, e logo os dois terão um casamento feliz."

Eu sempre fico me perguntando como é possível que tantas mulheres não entendam que os homens são de um modo geral verdadeiramente "simples" em suas reivindicações e que elas têm um fantástico poder sobre eles? Por que será que tantas mulheres estão ressentidas com os homens e, no entanto, esperam ter uma vida matrimonial feliz com um deles?

Há várias razões para isso, e acredito que estejam todas relacionadas ao declínio da espiritualidade, ao fortalecimento da mentalidade consumista e à perda de valores essenciais como a fidelidade, a integridade, o altruísmo, o respeito pela vida e o compromisso com a família e a educação dos filhos.

A espiritualidade leva tanto as mulheres quanto os homens a perceberem que se tornam mais completos quando se unem para crescer juntos, enfrentando com amor crises e desafios inevitáveis em qualquer casamento. Sem este conceito, o matrimônio se torna um bem de consumo igual a qualquer outro. "Estamos juntos enquanto essa relação *me* der prazer e felicidade", uma felicidade entendida de forma muito superficial e imediatista. À primeira dificuldade ou insatisfação, "estou fora".

Quando havia uma consciência maior dos valores essenciais, a identidade das mulheres era definida por esses valores, e elas se respeitavam e geravam respeito. Quem é que respeita um objeto de consumo ou uma mera válvula de escape sexual? Toda a prática do "ficar" leva as mulheres a ignorar sua verdadeira essência e a negar o papel primordial do afeto e do compromisso. O prazer é momentâneo, mas eu constato que as mulheres estão cada vez mais magoadas e desiludidas na sua busca por um significado mais profundo. E quantas não têm qualquer noção de que existe esse significado mais profundo para a vida humana!

O comprometimento com o casamento e com a educação dos filhos já foi visto como o auge da identidade adulta, e por isso as mulheres procuravam cuidadosamente o homem "ideal" para essa função. Atualmente, com tão poucos casamentos sólidos, crianças crescendo em famílias compostas por múltiplos casamentos e divórcios, e crianças nascidas de mães solteiras, diminui consideravelmente o número de mulheres que vêem o casamento e a educação de um filho como algo estável ou até mesmo normal.

A exacerbação do feminismo, exaltando a grandeza das mulheres sem homens (e filhos sem pais) e dispensando os homens como seres desnecessários, ou até mesmo perigosos, certamente não tem contribuído para que as mulheres desejem investir para construir um relacionamento monógamo, heterossexual e responsável que as faça crescer como seres humanos e lhes traga felicidade.

A visão egocêntrica sobre o valor das mulheres, somada a um virtual desprezo pelos homens, as leva a tratá-los mal. Por quê? Porque todas essas forças reunidas deram às mulheres uma falsa sensação de superioridade.

Todos esses ingredientes misturados geram uma situação de tensão. Sara escreveu sobre sua experiência:

"Quando me casei, eu tinha a impressão de que um marido deveria ser controlado pela esposa e ceder aos seus desejos. Cresci ouvindo as pessoas dizerem que os homens eram burros e precisavam ser educados e treinados. Fui ficando cada vez mais frustrada, porque meu marido não cedia. Eu exigia que ele agisse como meu provedor, mas não levava em conta as suas necessidades. Estava tão preocupada em receber o que eu achava que merecia, que quase não percebia que ele merecia algo também. Aproveitei-me de seu amor por mim e, equivocadamente, interpretei isso como fraqueza.

Ao amadurecer e crescer espiritual e emocionalmente, descobri que eram as minhas atitudes que o faziam reagir da maneira como reagia. Atualmente, trato-o com todo o respeito a que ele tem direito, não apenas como marido e parceiro, mas como ser humano. Ele, por sua vez, se tornou o 'homem' que eu jamais havia permitido que fosse... e é. Sei que esta foi uma das lições de vida mais importantes que aprendi."

Louise, uma outra ouvinte, me enviou um e-mail contando como descobriu que as dinâmicas de sua família original distorceram sua percepção dos homens e do casamento. Seu pai era violento e mesquinho. Como reação, ela o temia e odiava. Embora desejasse ter uma família feliz, querida e bem-ajustada, estava com muito medo de se tornar "a vítima" que sua mãe se dizia ser. Com a ajuda da terapia, compreendeu que a mãe não era uma vítima indefesa, mas alguém responsável por suas próprias escolhas, ações e comportamentos, que aceitava o tratamento que o marido lhe dava. Louise descobriu que, por causa de sua experiência pessoal, sua mãe odiava os homens e transmitira este sentimento para as filhas. "Meu pai era o par ideal para ela", Louise comentou. "Ele a atormentava, mas ela o controlava fazendo-se de mártir – o ser superior."

Louise chegou à conclusão de que, para ter um casamento feliz, ela precisaria se livrar da visão materna e assumir a responsabilidade pela escolha de seu companheiro e pela maneira como o trataria. Logo que se casou não foi fácil, porque era difícil não colocar em prática tudo o que tinha aprendido durante seu crescimento. Mas agora ela diz: "Estou grata por ter minha família e sinto orgulho de nos tratarmos com delicadeza, respeito e paciência. Em resumo, meu marido e eu apreciamos o relacionamento que temos um com o outro, e não nossas neuroses."

Ao lerem este livro, muitas esposas poderão se sentir presas em um lugar inexplicavelmente infeliz. Esta história contada pelo pastor da igreja de Louise talvez possa ajudá-las:

Um avô estava conversando com seu neto.

– Meu neto – disse ele –, há dois lobos morando no meu coração e eles estão em guerra um com o outro. Um é malvado e cruel, o outro é sábio e bom.

– Vovô – perguntou o amedrontado neto –, qual deles vai vencer?

– Aquele que eu alimento – respondeu o avô.

É exatamente por isso que eu não permito que mulheres que estão vivendo casamentos conturbados participem de grupos de mulheres, onde falar mal dos homens representa divertimento e negação da responsabilidade pessoal. Eu as afasto das psicoterapias que desqualificam a importância de ter um relacionamento feliz com um homem; afasto-as de conversas e reuniões onde só se discute com as amigas desavenças com maridos. O motivo de afastá-las desses contextos é explicado na história dos lobos: quanto mais você alimenta o negativo, mais você se distancia da possibilidade de apreciar o positivo e da motivação para construir uma relação mais saudável!

Um pequeno passo para que uma esposa assuma sua responsabilidade é manter-se calada sobre coisas que *realmente não têm importância*. Quando me vejo prestes a reclamar de alguma coisa, repito para mim mesma uma pergunta que um amigo me recomendou: "Para quê?" Sinceramente, essa pergunta faz com que eu reveja minhas prioridades e diminui a tensão sobre a bobagem que está me atormentando.

As esposas precisam lembrar que quando seus maridos fazem algo de um modo diferente do que elas teriam feito, isso não constitui um absurdo nem uma demonstração de desprezo. Representa apenas uma maneira diferente de agir. Em vez de imediatamente corrigir o marido, veja primeiro se há alguma coisa que você poderia aprender com a forma de ele agir (é bem possível, sabe?). A seguir, verifique se a tarefa foi executada (o objetivo era esse, não era?) e, por último, faça um elogio (você também gosta de elogios, não gosta?).

Um marido escreveu dizendo que as esposas não deveriam "se preocupar muito com detalhes".

"Confie em seu marido. Reconheça que ele tem suas próprias maneiras de fazer as coisas. Para serem feitas corretamente, elas não precisam ser feitas da maneira que você acha correta. Se a cozinha acaba ficando limpa, não importa que ele não tenha dado o 'toque especial' que você daria. Se ele vai ficar com as crianças para que você possa ir a um chá-de-panela, não deixe uma lista de instruções imensa, como se ele fosse um débil mental. Desde que vocês dois compartilhem as mesmas regras e valores, deixe a cargo dele estabelecer seu próprio relacionamento com os filhos e seu 'próprio estilo de cuidar deles', sem a sua intervenção."

Quando as esposas cobram demais, os maridos desistem de agradá-las, e aí elas reclamam dizendo que eles não fazem nada para elas. As esposas precisam se olhar no espelho para procurar a causa do problema.

Em sua essência, cobrar demais significa controlar. O controle faz os homens sentirem que, no final das contas, não é com eles que suas esposas gostariam de ter casado. Bill, um ouvinte, compartilhou o exemplo de sua primeira esposa (obviamente não a sua última esposa) que saiu para comprar uma calça jeans para ele. Bill tinha cuidadosamente escrito o tamanho, a marca e a cor que queria. Chegou a indicar a loja que tinha o melhor preço. A esposa chegou em casa com calças Dockers na cor cáqui, claramente o modelo errado. Ele agradeceu o empenho, explicou o erro que ela tinha inadvertidamente cometido e perguntou se ela poderia, por favor, trocar a calça pelo modelo que ele queria.

"Minha mulher voltou com outra calça Dockers, dizendo que não gostava dos jeans que eu usava e que preferia me ver vestindo aquela marca. O que eu sinto é que ela realmente quer um cara diferente para usar as Dockers. Ela passou 25 anos tentando me transformar em outra pessoa. Conhecer alguém significa para mim aceitar essa pessoa. Minha mulher sabia perfeitamente que tipo de homem eu era antes de se casar comigo. Ela simplesmente imaginou que poderia reclamar, mentir, chorar, manipular e gritar comigo até que eu me tornasse uma outra pessoa."

Ele de fato se tornou uma outra pessoa: seu ex-marido. Essa não aceitação do marido pode assumir formas ainda mais desagradáveis. O que me deixa constantemente horrorizada é ver a crueldade de que algumas esposas são capazes em nome de seus "sentimentos". Elas se acham nesse direito. E os dois "sentimentos" mais capazes de controlar os maridos são a "mágoa" e a "ansiedade". Em meu programa de rádio, tive inúmeras e repetidas discussões com esposas sobre a manipulação perversa que fazem usando esses sentimentos, numa tentativa cruel de controlar e mandar.

Os cenários mais comuns parecem ocorrer em famílias com madrastas e padrastos. Fico estupefata com o fato de muitas mulheres que se casam com homens que têm filhos de casamentos anteriores esperarem que eles desapareçam quando elas entram em cena, como se a vida anterior dos maridos tivesse evaporado num passe de mágica.

E os homens sofrem terrivelmente. Brian era um desses maridos.

BRIAN: – Estou casado há três anos e tenho dois filhos, de dois e três anos, com minha atual mulher. Minha ex-esposa mora em outro estado com nosso filho de oito anos. Quase não vejo meu filho por causa da distância e de outros fatores.

Dra. LAURA: – Isso é uma pena, esse pobre menino já sofreu grandes perdas. Como posso ajudar você?

BRIAN: – Minha dúvida é a seguinte: eu queria ficar com ele o verão inteiro. Nunca passei tanto tempo com meu filho, mas, como a mãe dele está muito estressada, concordou em me deixar ficar com ele. O problema é que minha esposa diz que não se sente confortável com isso.

Dra. LAURA: – Bem, ela não se sente confortável... e daí? Todo mundo se sente um pouco desconfortável com situações novas e diferentes. Portanto, discutam os problemas, encontrem maneiras de lidar com eles.

BRIAN: – Dra. Laura, a senhora acha que devo dizer à minha ex-esposa que não poderei ficar com meu filho o verão inteiro?

Dra. LAURA: – O senhor não pode fazer isso. O senhor de certa forma o abandonou. Ele é seu filho, é sua obrigação criá-lo e dar-lhe amor.

BRIAN: – Concordo plenamente, mas minha esposa diz que não quer que ele fique aqui o verão inteiro. Ela disse que não tem condições.

Nesse momento senti vergonha do meu gênero. É claro que sei que é muito estressante cuidar de duas crianças com menos de três anos. O que eu não gosto de ouvir, mas freqüentemente ouço, são mulheres que não querem os filhos de seus maridos por perto, para não usurparem o lugar de seus próprios filhos! Isso é vergonhoso! Mais vergonhoso ainda é o fato de elas se ressentirem do tempo, da afeição e dos recursos financeiros que seus maridos direcionam para os filhos de outros casamentos. Existe tão pouca sensibilidade ao fato de que, quando os dois se encontraram, ele já tinha esses laços, que esses laços são importantes e que a responsabilidade deles em relação a qualquer filho é uma obrigação moral.

O que eu disse a Brian, assim como digo aos muitos maridos que telefonam com esse tipo de dúvida, é que ele precisa *comunicar* à sua esposa que o menino irá passar o verão com eles porque sente falta do filho e tem necessidade de conviver com ele. Ponto. Todas as dificuldades na programação, transporte e atividades podem ser solucionadas.

BRIAN: – E se ela disser não?

Dra. LAURA: – Não existe "não". Você diz: "Querida, você se casou com um homem que tinha um filho. Não existe 'não', existe apenas 'como'."

BRIAN: – Quer dizer... apesar de tudo?

Dra. LAURA: – Claro! Você é o pai dele. Ponto.

Sugeri também que ele observasse o número de vezes e as maneiras com que a esposa tenta manipulá-lo dizendo que se sente "desconfortável" em relação a alguma coisa, como se isso fosse uma placa de aviso para parar. De modo geral, as obrigações e as responsabilidades não são zonas confortáveis. Por isso, enfrentar essas ocasiões é um ato de caráter e de amor tão extraordinário.

Todos nós achamos que gostaríamos de controlar tudo e todos que nos cercam. Imaginamos que estaríamos sempre seguros e protegidos em um ambiente com o qual estamos acostumados. Francamente, a qualidade da vida não vem do que é familiar (o que é confortável), mas de enfrentar o desafio representado pelo que não é familiar.

Tonya, uma ouvinte, que se chamou de "maníaca por controle", aprendeu essa lição que compartilhou comigo:

"Não dou valor a meu marido. Descobri isso desde que, recentemente, passei a ouvir no seu programa algumas pessoas que são exatamente como eu. Sou maníaca por controle e estou sempre tentando dominar meu marido. Na maior parte do tempo, isso tem a ver com a nossa saúde financeira. De alguma forma, sinto que,

ao tentar controlar seus gastos, na verdade o estou punindo. Também gosto de me sentir superior a ele nessa área – e na verdade sou melhor do que ele para fazer aplicações. Mas o fato de eu achar que ele não precisa de um tênis novo não significa que ele não deva tê-lo. Ele provavelmente não acha que eu preciso de todas aquelas velas aromáticas ou produtos culinários especiais... mas sinto vontade de puni-lo por erros antigos! Vou ler o seu livro e estou certa de que ele me ajudará a reencontrar os aspectos do meu marido que me levaram a casar com ele. Isso porque já ouvi a senhora dizer inúmeras vezes que, se ele se sentir amado e apreciado, estes sentimentos provavelmente serão correspondidos."

Você pode apostar nisso.

No entanto, freqüentemente o problema é fazer a esposa ver, reconhecer, aceitar e compreender que ela, na realidade, está controlando. Enquanto muitas mulheres rapidamente percebem que, mesmo de forma sutil, estão controlando seus maridos, outras ficam cegas à realidade de suas próprias ações.

Agora, nem sempre controlar os maridos é uma coisa ruim. Muito pelo contrário. Depende apenas do que existe em seu coração, na intenção da sua mente e nos movimentos de seus braços e lábios. A carta de Pamela mostra bem isso. Ela descreveu uma conversa com seu marido 15 anos após terem se casado. Ele lhe contou mais uma vez que a principal razão de seus dois primeiros casamentos terem acabado foi o controle que suas ex-esposas tentavam exercer sobre ele. Pamela sorriu delicadamente e o informou que ela o controlava há 15 anos. Ele sorriu também e disse que sabia que ela o "manipulava", mas que ele gostava da maneira pela qual ela agia e – dos motivos.

"*1. Ele sabe que eu o amo incondicionalmente. 2. Eu gosto dele: ele é meu melhor amigo. 3. Eu o respeito. 4. Eu me certifico de que todas as suas necessidades são satisfeitas, tanto as físicas quanto as emocionais: ele é um homem muito passional. 5. Eu o faço rir. Em retribuição por todas essas coisas, ele me cobre de amor, de respeito, de deli-*

cadeza, de presentes e flores, faz o possível para me agradar. Recentemente, eu lhe disse que queria largar meu trabalho como executiva para abrir minha própria firma de consultoria. Ele não esboçou nenhuma reação contrária porque sabia que isso me faria feliz."

Controlar e doar-se são opostos, e a doação é uma ferramenta muito mais eficaz do que o controle para obter o que você quer. Além do mais, o que a esposa vai receber de volta é oferecido com amor, e não por medo ou rancor.

Mary Ann, uma ouvinte, admitiu para si mesma que era uma esposa controladora, mal-humorada e rabugenta. A reação de seu marido era típica: ele se afastava e deixava de ser carinhoso. Uma ocasião, quando o casamento parecia estar se desintegrando, ela foi a um (bom) terapeuta que a ajudou a compreender que a única coisa que precisava aprender a controlar era a si mesma, se queria que seu relacionamento desse certo.

"Fiz exatamente isso e comecei a tratar meu marido com respeito em vez de imposição. Procurei fazer coisas que lhe davam prazer, mas sobretudo resolvi parar de me queixar sobre o que ele não estava fazendo e o elogiar por seus aspectos que me agradavam. Coisa que eu deixara de fazer há muito tempo.

Foi uma delícia ver a transformação dele e a forma como passou a me tratar. Antes tarde do que nunca descobri uma coisa óbvia: se você continuar a reclamar, a controlar e a ser uma pessoa desagradável, seu marido não vai querer você por perto. Mas, se você amá-lo, respeitá-lo e tratá-lo como gostaria de ser tratada, ele começará a retribuir o tratamento."

Bem, várias vezes, enquanto escrevo, imagino algumas esposas furiosas porque este livro só fala do que elas têm que fazer. "Afinal", tenho certeza de que estão se perguntando, "os homens não têm nenhuma responsabilidade? Por que somos nós que temos que mudar para eles? Onde está o seu livro sobre como se deve tratar as esposas? Que coisa irritante!"

Não, eu provavelmente não escreverei um livro sobre como cuidar das esposas e satisfazê-las. Por quê? Porque, na verdade, quando se trata da casa e dos relacionamentos, são as mulheres que estão no comando da situação. Neste livro quero ensinar a comandar com sabedoria e carinho. Se uma mulher não se casou com um sociopata ou um narcisista, então ela conseguiu um homem básico. E seu homem básico é uma criatura decente com desejos simples – ser valorizado pela esposa, ser o amante ideal dela, ser o protetor e provedor de sua família e ser respeitado, admirado e apreciado. É isso essencialmente o que os homens querem ao casar-se.

A maior maldade que uma esposa pode fazer a um marido é nunca se sentir feliz. E não se esqueça, ser feliz é mais uma atitude do que uma realidade. Quando as coisas vão mal, quando há problemas, desafios, desapontamentos e desastres, é óbvio que a felicidade ficará enfraquecida. No entanto, quando vamos colhendo as pequenas alegrias que cada dia nos oferece, quando conseguimos extrair prazer de muitos momentos do cotidiano, aumentamos nossa capacidade de ser felizes. E contribuímos para a alegria, o prazer e a felicidade de todos que estão ao nosso redor. Como Christine, uma outra ouvinte, escreveu:

"É sobretudo em momentos difíceis que somos responsáveis pelo bem-estar da família. Num período em que vivemos uma crise financeira, eu fazia um esforço para deixar a casa arrumada, tomar um banho, escovar o cabelo, trocar o vestido que estava usando desde as seis horas da manhã. Isso criava um ambiente de paz e harmonia. Durante a refeição com os filhos, pedia que cada um contasse uma coisa boa que acontecera durante o dia. Coisas pequenas, mas significativas. Depois rezávamos juntos, pedindo a proteção de Deus. Tenho certeza de que, desta forma, todos crescemos e pudemos enfrentar a crise com mais força e serenidade."

Capítulo 4

OS HOMENS TÊM SENTIMENTOS? É MESMO? VOCÊ ESTÁ BRINCANDO!

"Nos últimos tempos, tem sido cada vez mais enfatizada a necessidade de os homens serem sensíveis e compreensivos em relação às mulheres. É bom tomar consciência desta necessidade. Como homem, aprendi muito com isso e tornei-me um ouvinte mais atento. O problema é que, em contrapartida, as esposas acham que não precisam se preocupar tanto com os sentimentos de seus maridos. Eu gostaria de receber da minha esposa o que me ensinaram a dar para ela: o mesmo tratamento e respeito por meus sentimentos."

CHRIS

"É disso que me orgulho como esposa: jamais ter dito qualquer coisa odiosa para meu marido – mesmo no auge da raiva. Sei que aquilo que estamos discutindo, seja o que for, passará – mas as palavras agressivas ficam PARA SEMPRE*!"*

KAREN

Se mulheres como Karen fossem a maioria, este livro não precisaria ser escrito. No entanto, minha experiência, seja como terapeuta de casais e famílias, seja no programa de rádio e através dos e-mails, faxes e cartas que recebo de meus ouvintes, constata que há uma imagem alarmante do quanto as mulheres abusam de seus maridos. Este abuso consiste de um impressionante e torpe desprezo pelos sentimentos de seus homens, causando-lhes um imenso sofrimento.

John, um dos meus ouvintes, respondeu ao meu pedido, enviando-me o relato que narra a dor que os homens sentem e que pode levá-los a cometer ações idiotas, como, por exemplo, ter casos extraconjugais.

"Minha experiência me mostra que uma mulher esperta com atitudes sedutoras, atuando num momento propício, torna-se praticamente irresistível. Por conhecer vários homens que tiveram casos, acho que existem diversas coisas importantes que precisam ser ditas.

Embora eu conheça homens felizes que tiveram casos isolados (e todos se arrependeram disso mais tarde), nunca conheci um homem feliz que tivesse iniciado ou se envolvido em um caso mais sério. Os casos começam e são alimentados por algo que falta no casamento – e, em geral, não é sexo! As histórias que ouvi começaram com um homem solitário curtindo sua tristeza em um bar. Um homem sofrido geralmente não fica sozinho muito tempo."

John continuou seu relato dizendo que os homens que conheceu em duas décadas e que tinham tido casos anunciaram sua infelicidade durante anos, antes de desistir. Suas reclamações caíam no vazio. Em seguida, vinham os casos. Logo depois, vinham as lamúrias da esposa dizendo que *ela* tinha sido traída e que estava profundamente *ferida*.

É claro que há homens que têm casos por problemas puramente pessoais. Mas, embora o cenário descrito acima não seja a causa de todos, ele é bastante comum. Sempre que converso com um homem que teve um caso e pergunto "Por que motivo?", ele geralmente começa dizendo "Não sei". Mas, depois de refletir um pouco, corrige: "Acho que é por causa da maneira pela qual ela [a amante] fazia eu me *sentir* a meu respeito."

A questão óbvia é que os homens, em geral, não exteriorizam muito seus sentimentos, pelo menos não como nós, esposas. Estamos acostumadas às lágrimas, ao desejo de falar incessantemente sobre "o que aconteceu", à constante avaliação do nosso estado emocional, à maneira de descrever como as experiências nos *fazem* sentir e, é claro, a todo o sofrimento causado por algo que alguém nos tenha feito.

Em geral, os homens não externam muito seus sentimentos. Eles não entram em casa após o trabalho com uma necessidade crucial de discutir as emoções do dia. É mais provável que falem sobre um desafio enfrentado ou que precisarão enfrentar. Eles não choram o tempo todo nem telefonam para suas mães ou para seus melhores amigos milhões de vezes para discutir situações emocionais, como suas esposas fazem. Com tudo isso, eles nos levam a pensar que são desprovidos de sentimentos. As esposas cometem um erro quando acreditam nisso.

Ah, não me venha dizer que as esposas não conseguem perceber a dor em seus olhares, o estresse em suas posturas curvadas, o sofrimento em seus silêncios, o medo em sua hiperatividade, a raiva em sua tensão. Ou será que as esposas imediatamente traduzem a dor de seus maridos em aborrecimento porque eles estão sendo egoístas ou insensíveis?

Danette, uma ouvinte, relatou essa verdade. Contou que foi numa conversa com sua melhor amiga que descobriu que nunca dera muita atenção à maneira como tratava seu marido. Ao fazer uma pergunta à amiga, acrescentou que esperava que ela não se chateasse, pois não tinha a menor intenção de ofendê-la ou magoá-la com a pergunta. A amiga lhe disse: "Nada do que você fizer me ofenderá ou aborrecerá. Mas meu marido me aborrece e me ofende o tempo todo." Embora o tom fosse jocoso, Danette percebeu que a amiga estava falando sério.

Ela pôs-se então a pensar sobre seu próprio marido e a lembrar de como ele a irritava freqüentemente. Começou a se perguntar por que isso ocorria. Poucos dias depois, Danette teve uma das suas típicas discussões com o marido, cheia de agressividade e impaciência. Foi naquele momento que descobriu que ela, com toda a probabilidade, o irritava também.

"E aí, como um tapa na cara, aquilo me atingiu: eu o estava agredindo sem dar a menor importância para os sentimentos dele. Eu, que sempre me preocupava em não ofender minhas amigas para manter sua amizade, não tinha a menor consideração com os sentimentos do meu marido. Que grande estupidez! Era como se eu não me importasse com o que ele pensava ou sentia."

Sempre admirei as pessoas que se mostram dispostas a se encararem no espelho, a se responsabilizarem, a lamentarem seus erros e a estarem dispostas a reparar e a não repetir as más atitudes. É exatamente isso o que eu espero que todas as esposas façam após ler este livro. E, se elas não conseguirem facilmente largar seus egocentrismos ("Só os meus sentimentos valem"), talvez consigam ver que o que eu lhes mostro e sugiro poderia lhes proporcionar muito mais felicidade. A principal razão das más condutas e reações negativas dos maridos – lembrem-se sempre: estou falando dos bem-intencionados – é a atitude de suas esposas em relação a eles e a seus sentimentos. Simples e direto.

Já comecei inclusive a prevenir os homens que estão noivos, e que me consultam sobre alguma dificuldade de relacionamento com as noivas, que a maneira como estão sendo tratados agora – a consideração ou a falta de consideração por seus sentimentos e opiniões – só se intensificará após o casamento. De modo geral, eles não acreditam nisso. Preferem achar que os comportamentos egoístas, indiferentes e até perversos de suas noivas se devem apenas ao estresse causado pelos preparativos para o casamento e que no momento em que a cerimônia acabar tudo irá melhorar. De jeito nenhum.

Um telefonema de Jeff, 27 anos e prestes a se casar, fornece um exemplo perfeito de como muitas futuras esposas não levam em consideração os sentimentos de seus homens. A cerimônia do casamento não pertence apenas a quem está usando o vestido de noiva.

JEFF: – Basicamente, estamos com a casa de festas lotada. Dois dos meus convidados confirmaram a presença tarde demais, e por isso minha futura sogra gostaria que nós os desconvidássemos com a desculpa da questão do espaço. Eu disse que pagaria o acréscimo necessário, sobretudo porque são meus amigos. Mas ela parece irredutível.

Dra. LAURA: – Então repita para sua querida sogra que você não vai desconvidar pessoas importantes para você.

JEFF: – Bem, eu fiz isso, e agora minha noiva está aborrecida comigo porque estou desautorizando sua mãe.

Dra. LAURA: – Essa é uma questão entre você e sua noiva – e não entre você e a mãe dela. Talvez você devesse pensar melhor para ver no que está se metendo. Se a mãe de sua noiva é autoritária e insensível, e sua noiva a defende, francamente, vocês estão fritos. Se a sua noiva já está demonstrando falta de respeito por seus sentimentos e pelas pessoas que são importantes para você antes do casamento, imagino que depois as coisas irão piorar.

JEFF: – Compreendo.

Eu sinceramente espero que ele abra os olhos, porque homens como Chad provavelmente não fizeram isso e agora estão pagando o preço.

Chad e Sherrie telefonaram para o meu programa por causa de um conflito. Estão casados há três anos e ele adotou as duas filhas dela, com dez e nove anos. O problema atual está nas constantes e prolongadas visitas de Sherrie a seus pais.

CHAD: – Minha esposa acabou de voltar para Springfield, onde moramos com as meninas, após passar cinco dias com a família dela. Agora está planejando ir para a feira estadual de Iowa, onde pretende ficar uns dez dias. Temos discutido sobre isso, porque eu acho que ficar fora dez dias, após ter ficado cinco, é um pouco excessivo.

Dra. LAURA: – Sherrie, você quer me dar a sua versão?

SHERRIE: – Bem, o que acontece é que toda a minha família mora em Iowa, e como sou muito ligada a ela está sendo muito difícil ficar longe, morando em um estado onde não conheço ninguém. Por isso, procuro ir para lá sempre que posso.

Nesse ponto da conversa, pedi a Chad que desligasse o telefone e não ouvisse o que eu ia dizer a Sherrie. Achei que, com toda a probabilidade, ela escutaria melhor a bronca que eu iria dar se não ficasse tão envergonhada por ele estar escutando.

Dra. LAURA: – O que é que você tem na cabeça, mulher? Você fez um homem se casar com você e adotar suas duas filhas e agora tem a cara de pau de dizer que seu vínculo familiar é com sua mãe e seu pai? Isso é um total absurdo. Seu marido é a sua família. Ele adotou suas filhas e fez de vocês a sua família. Continuar correndo para a casa da mamãe equivale a dizer que ele não está em primeiro lugar, depois de tudo o que fez por você. Você está louca ao magoá-lo dessa maneira.

SHERRIE: – Quer dizer então que as meninas não deveriam nem ver seus avós?

Dra. LAURA: – Você pode colocá-las em um avião para ir visitar os avós e deixá-las ficar lá algumas semanas, enquanto você curte uma merecida privacidade com seu marido. Não o faça se sentir dispensável por semanas a fio. Acho que você não compreende o que ele fez por você.

SHERRIE: – Compreendo, sim, e sou muito grata.

Dra. LAURA: – Bem, então você não está demonstrando isso.

SHERRIE: – Quer dizer então que eu não deveria me ausentar por dez dias?

Eu não podia acreditar que depois de tudo o que eu havia dito ela continuasse só pensando nela mesma.

Dra. LAURA: – Só se você estiver planejando se divorciar em breve. Eu não compreendo. Você teve tanta sorte. Quantas mulheres com trinta e tantos anos e duas filhas arrumam um companheiro decente que se responsabiliza por elas? Você não pode tratar isso com displicência.

Sherrie nunca chegou a realmente reconhecer e demonstrar respeito pelos sentimentos do marido. Chad procurava demonstrar seus *sentimentos* de amor, de necessidade e de tristeza pela negligência e abandono ao pedir que Sherrie ficasse em casa – com ele. Talvez ele não estivesse demonstrando seus sentimentos com bastante clareza. Será que ele deveria ter chorado, gritado e quebrado coisas? Ou ter ficado bêbado e batido nela? Será que ela reconheceria atitudes como essas? Certamente, mas aí ele seria chamado de grosseiro, insensível, agressivo e violento.

Este é o impasse em que vivem muitos homens casados.

Brian, um ouvinte, manifestou essa mesma insatisfação. Ele citou os quatro exemplos abaixo para ilustrar a total desconsideração de sua esposa por seus sentimentos, e a habilidade que ela possuía para distorcer tudo e colocar a culpa nele:

1. Quando sua esposa quer ir a algum lugar com as amigas, ela diz que ele deveria confiar nela e lhe dar total liberdade. Quando Brian sente que precisa de um tempo só para ele ou para sair com os amigos, ela diz que ele não a ama, que não quer a companhia dela – mesmo quando é convidada! Tudo gira em torno dos desejos dela – e não dos dele.
2. Ela não vê problema em gastar dinheiro, porque é sempre algo "fundamental" e ela reivindica liberdade para gastar da maneira que quiser. Mas, quando ele quer gastar dinheiro, ela o chama de irresponsável. Tudo gira em torno dos desejos dela – e não dos dele.

3. O casal visita a família dela duas vezes por semana. Quando ele quer visitar a dele, ela reclama e o acusa de não ter consideração pelos sentimentos dela. Tudo gira em torno dos desejos dela – e não dos dele.
4. "Basicamente", ele escreve, "são as prioridades dela que importam. Ela planeja o fim de semana todo sem me consultar, e se eu reclamo diz que eu não a estou apoiando." Tudo gira em torno dos desejos dela – e não dos dele.

Vamos ver o outro lado da moeda. Jim, um ouvinte, escreve: *"Conheço quatro homens que eu considero muito bem casados. Nos quatro casos, as esposas se empenham em acariciar seus egos e em fazer com que se sintam apreciados. Como conseqüência, esses homens praticamente veneram suas esposas."*

Mas como podem os maridos se sentirem respeitados, apreciados ou amados se são o alvo constante da indiferença de suas esposas em relação a tudo o que lhes diz respeito?

Melissa, uma ouvinte, me relatou um incidente que ocorreu durante o primeiro ano de seu casamento. Ela e seu marido tinham ido jantar na casa de um outro casal. As duas mulheres ficaram conversando numa sala separada e o assunto principal foi reclamar dos maridos. Não perceberam que os dois podiam estar ouvindo tudo o que estava sendo dito.

Ao voltar para casa, o marido lhe disse o quanto tinha ficado magoado ao ouvi-la falar sobre ele daquele jeito. Envergonhada, ela pediu desculpas e, daquele momento em diante, fez questão de elogiar seu marido todas as vezes que estivesse num grupo com mulheres criticando os seus.

"Assim como precisamos alimentar os maridos com refeições deliciosas", ela escreveu, "seus egos também precisam ser alimentados com 'comentários positivos'. Descobri que quando enalteço as qualidades do meu marido entro em contato com elas, o que me faz muito bem. E, além de tudo, crio um clima de entendimento e carinho entre nós."

Acredito que essa tendência a depreciar os maridos foi desenvolvida em inúmeras mulheres pelo exemplo que receberam em casa. Se não prestarem atenção e não se dispuserem a romper esse ciclo perverso, elas perpetuarão sua infelicidade e a do casal.

Os homens querem ouvir que os desejamos por causa de sua força e capacidade de cuidar de suas famílias, de satisfazer sexualmente suas mulheres e de ter firmeza e coragem para enfrentar desafios. Eles *precisam* disso e precisam ouvir isso de nós.

É impressionante a capacidade que uma esposa tem de destruir essa sensação de força e importância do marido com um olhar ou um comentário desdenhoso. Para os homens é difícil sobreviver a esse desprezo, e eles tendem a se afastar de quem o manifesta.

Apesar de se acharem oprimidas em seus casamentos, a maioria das esposas é opressora. Só me lembro de pouquíssimos casos de casais em crise no casamento em que a esposa reagia com sensibilidade, tolerância e compreensão à revelação dos sentimentos do marido. A reação típica era de choque, raiva, recriminação, ameaças e lágrimas. Isso é opressão, gente.

Graças a seu marido, Eva foi uma das exceções:

"Uma noite, depois de ouvir minhas reclamações, ele explodiu e disse um monte de coisas que nunca falara antes. Pela primeira vez, pude notar o que significava o estresse do trabalho, de ser pai, marido, de manter e sustentar uma casa e uma família. Só naquele momento me dei conta de como ele se sentia sobrecarregado e exausto. Foi um monólogo virulento e sarcástico que anteriormente teria me deixado magoada e zangada – mas, por alguma razão, naquela vez a intensidade de sua emoção me impactou.

Parei de pensar em mim e nas minhas reclamações e entrei em contato com os motivos que o fizeram sentir-se daquela maneira, do quanto ele estava se sentindo impotente e péssimo. Fiquei profundamente solidária com seu sofrimento, desejando muito ajudá-lo."

Nos dias que se seguiram, Eva continuou a ouvir sem se colocar na defensiva e tentando contribuir. Esta atitude de abertura e sincero interesse pelos sentimentos do marido provocou milagres. Os dois se sentiram mais próximos, como companheiros dispostos a investir na felicidade de cada um e dos dois. Falaram sobre coisas que nunca tinham sido ditas, não num tom de ataque, mas para se conhecerem melhor, apesar de estarem casados há muitos anos. A partir desse momento, Eva começou a ver o marido com outros olhos e a demonstrar muito mais respeito por seus sentimentos.

Vale a pena rever a questão dos sentimentos de um homem para ressaltar a importância da esposa para o bem-estar de seu marido. Essa lista de pontos básicos foi elaborada a partir de diversos e-mails recebidos de maridos:

1. Um homem precisa sentir-se forte e importante como um protetor para sua mulher e seus filhos.
2. Um homem precisa que sua mulher o faça sentir-se forte e responsável pela casa, participando das decisões mais importantes e sendo respeitado em suas opiniões.
3. Um homem precisa do respeito, da delicadeza e do amor de sua mulher. Um homem quer sentir-se a pessoa mais importante para sua mulher.
4. Um homem precisa que sua mulher lhe mostre que ela precisa da sua força e do seu apoio para ajudá-la a viver.
5. Um homem precisa sentir-se como o principal provedor da família. Cuidar de sua família e de seu sustento são seus desafios.
6. Um homem precisa que sua esposa demonstre algum interesse por seu trabalho, mesmo que se trate de uma atividade que ela talvez não compreenda. O importante é sentir o seu apoio.
7. Um homem precisa que sua esposa o receba com amor e alegria após o trabalho.
8. Um homem precisa que sua esposa se interesse pelo dia que ele teve.
9. Um homem precisa saber que satisfaz sexualmente sua esposa.
10. Um homem precisa do estímulo de sua esposa para sentir-se plenamente realizado.

Algumas das respostas hostis que recebi de mulheres enquanto me preparava para escrever este livro tinham relação com seus descontentamentos com o que chamo de "sentimentos" dos homens e que elas interpretavam como "carências". É natural que quando um marido se sente magoado ou carente ele queira ser cuidado. E é deplorável que tantas mulheres fiquem indignadas por não "sentirem" que desejam ou devam cuidar de seus homens. No entanto, essas mesmas mulheres têm enormes expectativas sobre as gentilezas que seus maridos devem lhes prestar.

O fato é o seguinte: emocionalmente, os homens provavelmente precisam mais do apoio de suas esposas do que elas do deles. As mulheres procuram suas mães, seus amigos, seus vizinhos, seus colegas de trabalho, seus familiares, seus analistas, seus cabeleireiros, suas manicures para obter aprovação – merecida ou não. Por causa dessa disposição para desabafar e pedir apoio em todos os cantos de seus universos pessoais, as mulheres em geral dependem menos da aprovação de seus maridos. Isso explica em parte a razão de elas não se importarem muito com os sentimentos deles.

Os homens raramente desabafam; eles são mais reservados. Em geral, buscam reconhecimento e aprovação em suas vitórias no trabalho e na felicidade de suas mulheres. Isso nos torna, como esposas, mais responsáveis pelo bem-estar deles do que talvez gostaríamos de ser. Por isso, dirigir-se a um homem adulto, o pai de seus filhos e o principal provedor financeiro de sua família, com um tom severo de "mãe", como se ele fosse uma criança levada ou irresponsável, é exatamente o oposto do que ele almeja – uma esposa e filhos que o admirem pelo que é e pelo que faz por eles.

Como John, um ouvinte, escreveu:

"Nada desencoraja mais um homem a tentar ser um bom marido do que sentir que, não importa o que faça, sua esposa não ficará satisfeita com ele. Infelizmente, conheço muitos homens que sentem isso. Sinto-me grato por ter uma esposa que acredita em mim

e me aprecia. Quanto mais ela me diz o quanto me ama e respeita, mais quero fazer coisas que a valorizem e melhor me sinto comigo mesmo. Todos saem ganhando!"

Lloyd, um outro ouvinte, contribuiu para esta análise sobre os homens e seus sentimentos:

"Os homens, sejam eles casados ou solteiros, não compartilham seus pensamentos e sentimentos tão prontamente quanto as mulheres. Não sentimos necessidade de importunar os outros com nossos sentimentos. Apenas procuramos lidar com eles. Se algo precisa ser feito, nós fazemos. Se algo precisa ser dito, nós dizemos.

Muitas vezes deixamos de falar dos sentimentos para não ouvir reações ou perguntas. Não queremos dar explicações. Por isso, convivemos com nossos pensamentos e nos adaptamos. As esposas precisam achar maneiras de estimular seus maridos a compartilharem sentimentos, acolhendo-os, sem julgá-los nem acusá-los de insensíveis e grosseiros. Vamos dialogar. Sejam compreensivas. Deixem-nos ter opiniões, sentimentos e pensamentos diferentes dos de vocês."

A maioria dos homens que me escreveram e comentaram sobre a questão de compartilhar seus sentimentos ressaltou o mesmo ponto. Ken escreveu:

"Muitas vezes, quando me aborreço com alguma coisa que ela tenha dito ou feito e tenho a 'audácia' de expressar meus sentimentos, minha mulher simplesmente atribui isso ao fato de eu estar muito cansado ou a alguma outra bobagem. Isso equivale a um homem dizer, ao ver uma mulher zangada: 'Acho que você está naqueles dias!'"

Outros homens escreveram dizendo que quando tentam reclamar de alguma coisa suas esposas arrumam um jeito de culpá-los! Isso se aplica a tudo, desde dizer que estão insatisfeitas com o sexo a acusá-los de não terem trocado a lâmpada da entrada.

O estereótipo da mulher insensível aos sentimentos de um homem é, infelizmente, bem merecido. Não há um único dia, no meu programa de rádio, em que não discuto com alguma esposa ou namorada sobre essa questão. A seguir, as sinopses de vários telefonemas que demonstram a importância deste problema para os homens. Eles esclarecem os principais pontos relacionados à falta de respeito e consideração com que as mulheres tratam os sentimentos de seus homens.

O primeiro telefonema veio de Danielle, que está casada há dez anos e tem quatro filhos. O ponto central da tensão está no fato de ela e sua irmã terem sido sempre as "melhores amigas". Mas a irmã e o marido de Danielle não se dão bem, e no entanto a irmã visita Danielle sempre que quer, criando problemas entre o casal.

Dra. LAURA: – Se eles não se dão bem, você precisa diminuir a presença da sua irmã em sua casa. E, francamente, se for preciso fazer uma escolha, é óbvio que a opção deve ser por seu marido. Ele é o pai de seus quatro filhos. Você não quer que ele sinta que o relacionamento com sua irmã é mais importante do que com ele. Também acho que se sua irmã é antipática com seu marido em sua própria casa, prejudicando assim o casamento de vocês dois, ela não está se comportando como sua melhor amiga. Você precisa conversar com ela, chamar a atenção dela para a forma como trata seu marido e estabelecer limites para o bem de todos.

DANIELLE: – Bem, às vezes ele também não é muito simpático com ela.

Dra. LAURA: – Será que ela não merece isso? A casa é dele e talvez você não esteja demonstrando que o respeita. Qual é o atual conflito entre os dois?

É aqui que a história fica mais interessante. A filha da irmã de Danielle também ia para a casa da tia quase todos os dias. Danielle e o marido têm certas regras sobre comportamentos –

coisas normais – e parece que a irmã bateu de frente com o marido de Danielle porque ele tentou (sensata e responsavelmente) empregar a disciplina definida para sua casa.

Dra. LAURA: – Que audácia a da sua irmã de fazer a sua casa de creche para a filha dela e, em vez de demonstrar gratidão, invadir sua casa e importunar seu marido com reclamações! E você não a pôs no olho da rua?

Neste ponto da conversa, Danielle começou a rir – um pouco por nervosismo, mas principalmente, eu creio, por ter percebido que estava fazendo exatamente o que sabia estar errado: deixar-se intimidar pela irmã e, na ânsia de manter sua amizade, não ter percebido o impacto destrutivo de sua conivência na família.

DANIELLE: – Eu sabia que a senhora ia dizer isso... Não é nada engraçado.

Dra. LAURA: – Não, não é. Você não está respeitando seu casamento. Você acha engraçado tomar partido de sua irmã contra seu próprio marido? Como pode esperar continuar casada tendo esse tipo de atitude? Ou será que seu casamento não é importante?

DANIELLE: – É importante sim.

Dra. LAURA: – Então demonstre isso com suas atitudes.

Essa situação de atribuir mais importância aos sentimentos de amigos e parentes do que aos dos maridos é bastante comum. As mulheres parecem imaginar que os maridos podem e devem aceitar um monte de grosserias e continuar a tratá-las como se nada tivesse acontecido!

O telefonema seguinte tem a ver com o fato de muitas mulheres serem hipersensíveis ao se sentirem "controladas" – até mesmo pelos sentimentos do marido. O telefonema de Valerie, embora não incomum, foi inacreditável. Em vez de preferir uma amiga ou um parente a seu marido, ela escolheu um gato! A dificuldade é que o gato era decididamente hostil a seu marido e o atacava quando o via. Fiquei tão estarrecida que respondi com puro sarcasmo.

VALERIE: – Sei que parece loucura preferir um gato a um marido, mas estou tendo dificuldades em relação a isso, porque não quero me desfazer do gato. E não sei o que fazer.

Dra. LAURA: – Bem, você já encontrou uma solução: deixar seu marido sentir-se infeliz e desnecessário. Acho que esta é a atitude ideal. A melhor maneira de manter um homem que a ama é aliar-se a um gato hostil.

VALERIE: – Sei disso, porque acabei de falar com meu marido pelo telefone e foi exatamente isso o que ele disse.

Dra. LAURA (ainda sarcástica): – Mas nós, esposas, sabemos que o que os maridos sentem não é realmente importante – só é importante o que nós precisamos, o que nós queremos. Ouça, eu já li toda essa baboseira feminista. Que os homens são opressores e que ele obviamente está tentando controlar você. Que ele é um verdadeiro canalha. Que o que você deveria fazer, para lhe dar uma lição, é comprar mais gatos.

VALERIE: – Eu sei. É isso o que minhas amigas provavelmente diriam.

Dra. LAURA: – Os homens devem apenas concordar com o que queremos, não importa se tenham que sofrer com isso, não é? Seu marido não tem o direito de não gostar de um gato hostil, de fazer essas exigências, de querer ser feliz, ou de querer que você escolha entre ele e um animal. Certo? Ele não tem direitos. Ele é apenas um macho opressor.

VALERIE: – Não... ele é mais do que isso.

Dra. LAURA: – Como é que você pode transmitir isso a ele?

VALERIE (rindo): – Não sei. Sei que a senhora descreveu exatamente o que ele está sentindo. Mas eu fico me perguntando por que ele está sendo tão chato por causa do meu gato. Ele só ameaça, não morde ele.

Ali estava o problema: o que emocionalmente atormentava o marido de Valerie (um gato hostil e uma esposa tendo de escolher entre um gato e ele) era ser menosprezado. Perguntei a ela como ousava menosprezar os sentimentos do marido e esperar que ele tivesse alguma consideração pelos dela.

Imaginei duas alternativas. Ou ela era superficial, mimada e uma total imbecil, ou havia uma questão mais profunda a ser escancarada. Escolhi a última, e escolhi certo.

Dra. LAURA: – Explique-me melhor por que o fato de ele estar magoado ou aborrecido parece não ter importância.

VALERIE: – Bem, talvez porque eu não queira ser controlada. É, acho que não gosto de sentir que estão mandando em mim e, por isso, querendo ou não, preciso fazer isso.

Dra. LAURA: – O.k. Você acha que seu marido deveria se sentir controlado quando você quer alguma coisa?

VALERIE: – Não.

Dra. LAURA: – Ah, Valerie, isso não é verdade. Mas a trapaça que você faz na sua mente é esta: quando você quer algo, não chama isso de controle. Você acha que é um pedido razoável com o qual ele deveria concordar se a ama. Mas, quando ele faz exatamente a mesma coisa, você chama de controle. E imagino que você se preocupa com a possibilidade de suas amigas lhe dizerem que você se tornou uma mulher oprimida.

VALERIE: – É verdade.

Encerrei o telefonema dizendo que ela precisava de amigas mais positivas que encarassem de forma mais saudável o que significa dar/receber em um relacionamento e encontrar um lar mais adequado para o gato hostil.

O próximo telefonema é um exemplo bem comum de esposas que querem controlar todo mundo para criar a imagem perfeita que as faz se sentirem mais felizes. Os pais do marido de Gina se divorciaram quando ele tinha dois anos. O pai do marido de

Gina nunca desenvolveu com o filho um laço afetivo ou de intimidade.

GINA: – Minha dúvida é saber se é ou não correto deixar de incluir meu sogro na vida de seus netos. Meu marido não quer seu pai por perto e fica muito aborrecido com qualquer proximidade.

Dra. LAURA: – Por que você enfraqueceria seu casamento para ter esse sogro que faz tanto mal a seu marido ligado a seus filhos? Por que seria mais importante ter esse estranho envolvido com seus filhos do que manter seu casamento sólido?

Surpreendentemente, ela negou que estivesse deixando isso acontecer. Percebi que ela sabia que o marido estava aborrecido e zangado, mas que não dava muita importância aos sentimentos dele. "E daí que ele esteja zangado!" é a inacreditável atitude que muitas mulheres expressam quando estão projetando a vida do jeito que elas querem, em vez de ajudar seus maridos a lidar com a verdade, qualquer que seja.

GINA: – Eu não quero desfazer meu casamento.

Dra. LAURA: – Então você tem de parar de insistir nesse ponto, mesmo que o ache injustificável.

E aí surge a verdade!

GINA: – Portanto... o que importa é como ele se sente em relação ao pai?

Bingo! Uma brecha! Ou pelo menos eu achava...

GINA: – Eu acho que ele deveria ser bastante homem para superar esse problema.

Dra. LAURA: – Ah, meu Deus. Eu não acredito! Agora você acha que seu marido não é bastante homem porque ele optou por se afastar desse pai omisso, ausente e negligente?

GINA: – Acho que é esse o meu ideal: um homem capaz de superar essas queixas.

Dra. LAURA: – Bem, se você tivesse tido uma mãe omissa, como é que lidaria com isso? Como é sentir essa pedra no seu sapato?

GINA: – Um pouco desconfortável, mas nada que eu não possa suportar.

O telefonema seguinte diz respeito ao que eu chamo de síndrome do "carrego o mundo nas costas". Anna é uma mãe que não trabalha fora e tem quatro filhos entre um e 11 anos.

ANNA: – Ultimamente, tenho ficado zangada e magoada com meu marido. Na realidade, ele é um cara maravilhoso. Trabalha muitas horas por dia e ainda faz horas extras para nos dar mais conforto. No entanto, sinto que ele é apenas mais uma pessoa que precisa de mim. Para dizer a verdade, ele virou um fardo.

Dra. LAURA: – Anna, você se lembra do dia do seu casamento?

ANNA: – É claro.

Dra. LAURA: – Além do vestido bonito e de todos os presentes, você se lembra dos seus votos? Quais foram?

ANNA: – Amar e respeitar na alegria e na tristeza, na saúde e na doença.

Dra. LAURA:– Esses votos diziam que você não precisaria amar e respeitar se estivesse cansada ou aborrecida?

ANNA: – Não.

Dra. LAURA: – Você quer continuar casada?

ANNA: – Quero.

Dra. LAURA: – Então você precisa fazer seu marido sentir que quando volta para casa encontra uma mulher que dá importância a seus sentimentos e necessidades. Uma mulher que o recompensa por tudo o que ele faz por sua família.

ANNA: – Parece que somos apenas cordiais um com o outro ultimamente – e agora, com o novo bebê, está muito difícil.

Dra. LAURA: – Sim, não tenho dúvida. Só que é realmente muito difícil trabalhar dois turnos, chegar em casa e encontrar uma esposa queixosa e quatro crianças que desejam atenção e carinho. Ele precisa dar atenção a cinco, você sabe. E verdade seja dita, você também precisa de algum descanso e diversão para compensar o trabalho do seu dia. Vou lhe dizer como conseguir isso: quando ele chegar em casa, abrace-o, beije-o, manifeste alegria com sua chegada. Diga-lhe o quanto você o admira por ter trabalhado tanto para dar conforto à família. Veja como esse homem cansado se empertigará e fará... QUALQUER COISA QUE VOCÊ QUEIRA! Você sabe que estou com a razão.

ANNA: – Sei sim. Muito obrigada.

O próximo telefonema se refere aos conflitos sobre a maneira de educar e disciplinar crianças. O marido de Chris achava que sua filha de 15 anos não deveria ir a um jogo de futebol naquela noite em que conversamos, porque ela estava saindo muito. Mas Chris tinha dado permissão à filha para ir, contrariando a decisão do marido, embora concordasse que a menina saía demais.

Observei que, na verdade, eles não estavam discordando. Sugeri que talvez devessem tomar essas decisões em conjunto, sozinhos, antes de apresentar a decisão dos dois à filha.

CHRIS: – Acho que o único problema é que nós discordamos freqüentemente, e quando isso acontece ele diz que eu não o apóio, que é como se as crianças e eu estivéssemos contra ele o tempo todo.

Dra. LAURA: – Talvez ele esteja com a razão! Talvez você esteja protegendo a "sua menininha" e, ao dar tudo o que ela quer, ignorando a sua obrigação de respeitar as opiniões e decisões do marido.

CHRIS: – E isso é uma coisa ruim?

Dra. LAURA: – Sim, porque o principal e mais importante relacionamento na sua casa é entre você e seu marido. E é este o exemplo que você deve dar para sua filha quando ela se casar. Se ela vê você desprezar seu marido, provavelmente ela fará o mesmo. Se ficar mimada, terá muitos problemas na vida quando não conseguir tudo o que quer. A vida social dos adolescentes precisa ser controlada.

CHRIS: – Certo. Eu concordo com isso.

Dra. LAURA: – Então, se você concorda com isso, você nem sempre discorda dele. Acho que você precisa ser mais honesta e admitir que quer se colocar no papel da "boazinha" com sua filha e talvez com seus outros filhos.

CHRIS: – Agora a senhora está falando igual ao meu marido.

Dra. LAURA: – Talvez porque esta seja a verdade. Você está fazendo isso. Você está querendo "ser amada" por seus filhos, em vez de ser a parceira de seu marido na educação deles. Além do mais, "amar" os filhos é também colocar limites. Passe a apoiar seu marido. Ele ficará emocionado por você estar realmente se importando com a opinião dele.

CHRIS: – Ele ficará, sim. Ele realmente ficará muito emocionado!

É de suma importância que uma esposa e mãe não faça seu marido sentir que bastam os filhos para satisfazê-la. Uma ouvinte, com o marido na linha, disse que sentia exatamente isso. Eu não podia acreditar que ela o desprezasse tanto e, ainda assim, esperasse que ele estivesse disponível para ela de todos os modos e em todas as horas – o que, acreditem vocês ou não, fora o motivo do telefonema: a ouvinte reclamava que o marido não fazia o bastante por ela! Após ouvir isso, uma mulher me escreveu:

"Inicialmente fiquei chocada por ela dizer aquilo na frente dele! Mas depois me dei conta – e fiquei horrorizada – que eu também dizia coisas tão insultuosas para meu marido. A senhora acertou em cheio quando afirmou que esse tipo de comportamento é cruel e humilhante. Tive vontade de chorar.

A senhora também mostrou para a ouvinte que, em vez de desejar que o marido fosse mais carinhoso e atencioso, ela deveria se esforçar para dar o amor, a afeição e o lugar de importância que ele merece, pois assim (porque os homens "não são tão complexos quanto as mulheres") ele automaticamente a trataria da mesma maneira.

Fiquei assustada quando a senhora mencionou homens que deixam suas esposas por mulheres que os fazem se sentir bem com eles mesmos. Enquanto a senhora dizia à ouvinte como seria difícil educar os filhos sem esse pai que os sustenta e ama, percebi que não quero jamais estar em tal situação.

Muito obrigada, Dra. Laura, por me fazer ver meu próprio comportamento egoísta, egocêntrico e destruidor. Comprometo-me de agora em diante a fazer o possível para investir no meu relacionamento com meu marido: dedicar a ele e a nosso casamento a mesma energia que dedico à minha filha."

Embora seja verdade que os sentimentos dos homens não aparecem tão claramente quanto os das mulheres, isso não quer dizer que eles não tenham sentimentos. Minha amiga, mesmo que você não os veja, eles existem. Pense nisso. Tente ver as coisas a partir da perspectiva de seu marido – como se você fosse uma minicâmera atrás de seus olhos. Imagine seus dias, seus desafios, seus problemas, suas expectativas, suas carências, suas frustrações, seus temores e sua exaustão. Você sabe que ele tem sentimentos sobre tudo isso.

Reflita sobre o que acontece com ele em casa. Você sabe que ele tem sentimentos sobre tudo isso. Todo mundo tem.

Olhe seu marido sabendo que, apesar de ele ser muito diferente de você, ele tem os mesmos sentimentos, as mesmas inquietações e preocupações. Assuma isso. Não exija que ele expresse seus sentimentos da mesma forma que as mulheres – apenas assuma isso e comporte-se adequadamente, com compreensão, carinho e acolhida.

Já disse isso a inúmeras mulheres. Já lhes pedi que imaginassem o que qualquer ser humano sentiria no final de um dia exaustivo ou no final de uma provação. Um marido não precisa contar tudo isso para que sua esposa se mostre sensível e interessada. Os homens não precisam descrever todos os detalhes difíceis de seus dias. Eles simplesmente precisam de atenção e reconhecimento.

A história mais triste que recebi foi a de um médico. Em um determinado dia, ele realizou uma cirurgia cardíaca em uma criança. Logo depois, devido a alguns problemas, precisou passar duas horas tentando ressuscitar a criança... um esforço que, no final, foi em vão. A mãe da criança, desesperada de dor, o agrediu fisicamente.

"Essa situação, até mesmo para um médico, representa um enorme estresse emocional e provoca um intenso sentimento de perda. Ao chegar em casa, a raiva com que minha mulher me recebeu, por eu ter me atrasado para ir jantar na casa de seus pais, era palpável, e a explicação de que tinha me atrasado por causa da criança foi recebida com um frio: 'Sinto muito, podemos sair agora?'

Tentei falar da tragédia que tinha vivido, mas meus sentimentos não foram levados em consideração. A única reação de minha mulher foi: 'Estamos atrasados, vamos embora, não quero ouvir suas desculpas.'

É desnecessário dizer que compartilhamos poucos acontecimentos em nossas vidas. O resumo é o seguinte: LEMBRE-SE DE QUE SEU MARIDO É TAMBÉM UM SER HUMANO, COM AS MESMAS NECESSIDADES EMOCIONAIS QUE VOCÊ TEM. TRATE-O COM HUMANIDADE."

Mesmo que os acontecimentos do dia de seu marido não sejam tão dramáticos, eles chegam do trabalho com histórias e reações. Será que alguém em casa se importa?

Para concluir, Bill, um ouvinte, escreveu:

"Estando casado pela segunda vez com uma mulher que é exatamente o oposto da minha primeira esposa, estou dolorosamente consciente da importância do que é ser bem tratado.

Sei que minha atual esposa me ama pela maneira como me trata; pelo modo como me olha e cuida de mim e de meus filhos. Ela me escuta interessada quando falo sobre meu trabalho, meus problemas, meus sonhos e reage dando sua opinião. Sei que se importa com tudo que me diz respeito.

Eu faria qualquer coisa por minha esposa. SINTO *que ela me ama. Mais do que tudo, quero fazê-la feliz por causa de todo o amor, cuidado e satisfação que ela me dá. Eu a amo com todo o meu coração e este é o melhor sentimento que já experimentei na vida.*

Dra. Laura, a senhora pergunta o que os homens querem de suas esposas? Para mim é SENTIR *no meu coração que alguém verdadeiramente me ama e se importa comigo; que sou imensamente importante para ela. A maior satisfação que posso obter vem das atitudes de minha esposa. Não é só o que ela diz, é sobretudo o que faz por mim."*

Não é preciso dizer mais nada.

Capítulo 5

"AH? QUERIDA, O QUE FOI MESMO QUE VOCÊ DISSE? O QUE É QUE VOCÊ QUIS DIZER COM ISSO?"

"As mulheres ficam desapontadas com o homem que não lê seus pensamentos. Creio que é muito difícil para uma mulher tomar consciência de que os homens são criaturas diferentes. Eles pensam de maneira diferente, sentem de maneira diferente, se comunicam de maneira diferente... e eles NÃO ESTÃO ERRADOS *por serem assim. Há sempre muita beleza na maioria dos seres humanos. Precisamos apenas nos dispor a descobri-la."*

MARIE

"Intuitivamente eu costumava esperar que meu marido fosse como minha melhor amiga e me sentia constantemente frustrada por ele não pensar, sentir, necessitar, agir e se comunicar como eu. Levei muito tempo, tive várias discussões com meu pai e li vários artigos e livros antes de me dar conta de que ele simplesmente era diferente, e que eu precisaria aceitar essas diferenças e aprender a lidar com elas."

CATHERINE

Catherine continuou, aconselhando as mulheres mais jovens, como ela, doutrinadas a achar que os sexos se equivalem, a abrir os olhos e se conscientizar. Ela disse que sua vida tinha melhorado muito desde que começara a compreender o que é razoável se esperar de um homem.

Este é um ponto muito importante. Quanto maior for a diferença entre as nossas expectativas e a realidade, maior será o desapontamento, o sofrimento e a raiva. Portanto, *é fundamental termos expectativas realistas.* As mulheres tendem a alimentar expectativas irreais e irracionais em relação a seus maridos. Isso acontece quando elas não aceitam ou respeitam as qualidades e as características exclusivas dos homens.

A comunicação matrimonial seria muito melhor se as mulheres aceitassem, sem rancor, que os homens simplesmente têm estilos e necessidades de comunicação diferentes. Sei que isso soa como se eu estivesse colocando todo o peso dos problemas em cima das mulheres, mas acho que eu tenho alguns bons motivos para fazer isso. A comunicação verbal é muito mais importante para as mulheres e essencial para o bem-estar delas. O mesmo não acontece com os homens.

As diferenças entre homens e mulheres começam no ventre. No início da gestação, os cérebros dos fetos são virtualmente iguais. Com cerca de nove semanas, no entanto, a testosterona sobe através do feto masculino (XY), alterando o desenvolvimento geral em direção à masculinidade.

Em relação à comunicação, o resultado dessas diferenças é visível no início da infância. Os estudos sobre desenvolvimento das crianças documentaram diferenças comportamentais até mesmo no primeiro ano de vida. Em um estudo foi colocado um obstáculo entre a criança e sua mãe. Os meninos que queriam voltar para as mães tentavam contornar o obstáculo, atravessá-lo ou derrubá-lo. A reação masculina é física e direcionada à solução do problema. Por outro lado, as meninas expressavam suas angústias e as mães iam apanhá-las. A reação feminina é verbal.

Quando as crianças crescem, os pais notam que suas filhas são inacreditavelmente verbais e propensas a dramalhões. Esses mesmos pais percebem que seus filhos são "homens de poucas palavras", mas de muita ação.

Uma das reclamações mais comuns que ouço de esposas é de que seus maridos se recusam a sentar e conversar sobre as coisas. E eu pergunto: "Que coisas?" Em geral, a resposta é: "Coisas. Apenas coisas. Tudo. Qualquer coisa." Pergunto então à esposa por que, para ela, é tão importante que ele queira e se mostre disposto a conversar sobre... qualquer coisa. Inevitavelmente ela responderá: "Por que isso significa companheirismo... afeto... intimidade."

Os homens geralmente vêem suas esposas como companheiras afetuosas e íntimas quando elas vestem uma roupa sensual, oferecem um sanduíche com uma cerveja bem gelada ou sugerem que eles vão ver um jogo de futebol com seus amigos. As mulheres vêem seus maridos como companheiros afetuosos e íntimos quando eles executam o que elas lhes pedem ou mandam fazer, lhes dão presentes românticos ou ouvem pacientemente – sem fazer comentários –, pela nona vez, os mesmos relatos de antigos aborrecimentos com a mãe, uma amiga ou um colega de trabalho.

A primeira coisa que eu geralmente lembro às mulheres que telefonam reclamando sobre problemas de comunicação com seus maridos é que elas provavelmente não estão se comunicando, que estão usando seus maridos como confidentes ou analistas, exigindo que eles mostrem interesse, aprovação e reajam dizendo aquilo que elas querem ouvir. Os maridos imaginam (inocentemente) que as esposas estão lhes contando alguma coisa para que eles tomem alguma providência em relação a elas. Enquanto a mulher fala, os homens não conseguem imaginar o que é que ela está querendo. Muitas vezes ela os confunde e os frustra, e por isso eles se desligam. Nestas ocasiões são injustamente rotulados de insensíveis.

Portanto, ao se comunicarem com seus maridos, o maior erro que as esposas cometem é imaginar que eles deveriam ser "suas melhores amigas". A maioria das mulheres a quem eu aponto este erro fica zangada, como se eu estivesse lhes tirando algum direito. Repito: esta é simplesmente uma expectativa equivocada. Quando elas não aceitam isso, lembro-lhes de que o jeito delas não está funcionando – a prova é o excesso de rancor e distanciamento que existe em seus casamentos – e que elas talvez devessem tentar ver o que acontece se conseguirem perceber as diferenças entre homens e mulheres. É disto que vamos tratar neste capítulo.

John, um ouvinte, parece não conseguir perceber o que as mulheres não parecem compreender sobre os homens e a comunicação:

"Namorei uma mulher por alguns meses, e todas as vezes que estávamos indo a algum lugar, se houvesse um hiato na conversa, ela perguntava: 'No que é que você está pensando?' Eu respondia: 'Não estou pensando em nada, querida.' Ela não acreditava e passava o resto do encontro de mau humor e planejando sua vingança contra o domínio masculino – ou contra qualquer outra coisa.

Pode ter certeza: se um homem lhe diz que não está pensando em nada, ele provavelmente não está.

Não consigo compreender por que isso é tão difícil de entender."

Mulheres, vocês estarão fora de sintonia se constantemente imaginarem que o silêncio de seu marido é sinal de contrariedade. Ele provavelmente não está escondendo nada (a não ser que você reaja histericamente quando ele confia em você), e também não está remoendo nenhuma angústia secreta, a não ser que você perceba que ele está dormindo menos e bebendo mais.

Marla, uma ouvinte, admitiu que tendia a contar "tudo" a seu marido.

"Eu falava como me sentia em relação às pessoas, às situações, ao tempo, etc., sem reprimir nenhum sentimento. Do ponto de vista dele, isso se chamava choramingar e reclamar. Eu não via desta maneira. Na minha opinião, estava apenas 'abrindo meu coração'. No entanto, comecei a perceber que, cada vez mais, ele parecia querer conversar menos comigo.

Anos depois, ele teve coragem de me dizer o que estava sentindo. Era quase como se eu o tratasse como minha lixeira. Como se fosse função dele receber tudo aquilo que eu queria tirar de dentro de mim.

Aqui em casa as coisas melhoraram muito desde que eu decidi contar primeiro a Deus os meus problemas, depois a amigas em quem confio – são poucas – e a tentar lidar com as minhas emoções antes de 'despejá-las' nele. Agora, quando tenho um problema, meu marido está mais disposto a me escutar... porque não é bombardeado constantemente com eles."

Terri, uma de minhas ouvintes, confirma a observação de Marla:

"Eu também acredito que nós mulheres falamos demais em nossas conversas com nossos maridos. Dizemos que eles não nos ouvem, mas, sejamos sinceras, geralmente acrescentamos muitos detalhes que não lhes interessam a mínima.

Você iria querer ouvir, em detalhes, todas as jogadas que ocorreram em um jogo de futebol a que ele assistiu? Eu ficaria muito entediada se meu marido fizesse isso. Ele pode me dizer que seu time favorito ganhou e até me contar sobre uma jogada sensacional, mas qualquer coisa além disso vai me entediar.

Se eliminarmos os detalhes e lhes perguntarmos sobre seus dias (sem pressionar por respostas extensas), as conversas se tornarão menos unilaterais e, conseqüentemente, mais agradáveis."

Cooper é uma esposa que acha que quanto mais selecionada a comunicação, melhor. Ela está casada há quatro anos e fica em casa cuidando de sua filha de três anos e do filho de um ano. Diz que aprendeu a dar pelo menos meia hora de trégua a seu marido quando ele chega do trabalho, antes de começar a falar-lhe sobre alguma coisa.

Em outras palavras, ela o deixa despressurizar. Sem esta despressurização, ele ficaria impaciente o resto da noite e não se mostraria disposto a se comunicar. Agora, ele fala mais durante e depois do jantar, e ela pode lhe contar sobre o seu dia e perguntar sobre o dele.

Cooper admite que ainda é difícil lutar contra a vontade de contar para o marido tudo o que aconteceu durante o dia assim que ele entra em casa (como se ele não tivesse tido também um "dia daqueles"), mas que está se tornando cada vez mais fácil esperar um pouco por um par de ouvidos atentos.

Robert, um ouvinte, tem uma esposa que também aprendeu a moderar sua ânsia por se comunicar.

"Depois que eu relaxo, fico disposto a 'ouvir' o que ela está dizendo, e todos ficamos mais felizes. Ela também inventou uma frase de efeito. Quando está se preparando para me contar alguma coisa, ela me lembra que não preciso resolver ou solucionar qualquer coisa – basta escutar."

Uma parte desse comportamento afetuoso em relação aos maridos vem com a sabedoria e a experiência; a outra chega com a maturidade. Natalie, uma ouvinte, percebeu que precisava aprender a controlar melhor seus destemperos e mudanças emocionais. "Às vezes preciso lidar com meus sentimentos, e não 'resolvê-los' com meu marido", ela conta. E continua:

"A partir do momento em que consegui analisar meus sentimentos sozinha pude contar a meu marido como me sentia, mas pude fazer isso de forma RACIONAL e mais tranqüila. Acho que comecei a amadurecer emocionalmente, a deixar de ter reações exageradas, a saber esperar o tempo necessário para elaborar mais as situações, idéias e dificuldades que surgiam... e a reagir a elas normalmente."

E o que faz as esposas acharem que a comunicação precisa ser toda verbal? Um abraço, um olhar carinhoso por cima da mesa de jantar, um sorriso, um beijo, um toque com a mão são formas poderosas de comunicação que podem valer mais do que mil palavras.

Kelly, uma de minhas ouvintes, percebeu isso – para sua satisfação e para benefício de seu casamento:

"Faço questão de separar 20 minutos do dia para conviver mais intimamente com meu marido. Creio que a maioria das mulheres fica tão absorvida pelas demandas dos filhos que o tempo com os maridos vai para um segundo plano. Este é um grande erro. Ao investir no meu casamento, beneficio meus dois meninos com uma base emocional forte, feliz e saudável.

Meu marido sempre me fala da sua sorte por termos esses nossos 'momentos sozinhos' (que também me dão muito prazer), que tanto podem levar ao sexo quanto apenas ficarmos juntos de mãos dadas e conversando!

Acho que não representamos a regra nos casamentos atuais – e isso é muito triste. Reaja, mulher! O que são 20 minutos por dia? Experimente e você se surpreenderá com os resultados!"

A "luta pelo poder" é responsável por muitas desventuras matrimoniais. A reclamação típica dos homens é: ela reclama e nunca está grata ou satisfeita. E a reclamação típica das mulheres é: ele não satisfaz minhas necessidades emocionais, é insensível e se recusa a fazer qualquer coisa dentro de casa. Isso vai se repetindo indefinidamente, ele cada vez mais insatisfeito e ela, mais frustrada. No fim, ambos estão infelizes.

E aí eles vão a um terapeuta, mas infelizmente boa parte do tempo da consulta é ocupada pelas mulheres com uma lista de reclamações. Para elas, a solução é "feminilizar" o marido. Ken, uma ouvinte, confirmou esta posição quando escreveu:

"Pude constatar através da minha própria experiência e em vários caminhos que tentamos (livros de auto-ajuda, fitas, consultas particulares, etc.) que a sociedade atual considera que os problemas de comunicação de um casal são geralmente causados pela DIFICULDADE DOS HOMENS *em se comunicar em um nível que as mulheres possam compreender e digerir. Tudo indica que as melhoras positivas em um relacionamento só ocorrerão se o marido estiver disposto a alterar a sua própria natureza, a sintonizar o seu*

lado feminino e aprender a pensar, reagir e 'emocionalmente entender' da mesma forma que sua esposa.

Se o homem quiser ter alguma paz em casa, cabe a ele mudar."

Em meu programa de rádio, quando converso com esposas que se sentem desesperadas e deprimidas sobre o que parece uma situação terminal, peço-lhes para fazer algo aparentemente impossível: adotar um novo plano e uma nova atitude.

Para as mulheres, fazer isso é muitas vezes bastante difícil porque nós temos uma memória extraordinária... para as mágoas. Já disse que acho que existem alguns comportamentos e ações que podem desafiar o perdão: a crueldade, a violência, os vícios e os casos extraconjugais. Mas aqui estou falando das pequenas mágoas acumuladas no convívio. Pergunto à esposa se ela preferiria se divorciar. Em geral, após avaliar seus sonhos, seus filhos, suas finanças e suas boas recordações, ela dirá que não. Eu então sugiro que, apesar de antigos ressentimentos ou mágoas recentes, ela se comprometa a mudar.

Mostro-lhes também que os homens são capazes de fazer algumas besteiras não propositais sem imaginar que possam estar magoando. Jeff, um ouvinte, revelou isso em sua carta:

"As mulheres precisam compreender que vamos fazer besteiras. Isso não significa que sejam propositais nem que constituam um ataque pessoal. Em geral, ficamos muito envergonhados quando nos damos conta do que fizemos. Precisamos apenas de perdão, não de vingança.

As mulheres não percebem que o perdão é a chave para eliminar ressentimentos e para reconstruir bons relacionamentos."

No meu programa de rádio, em vez de *perdão*, uso a expressão *deixar cair* para que a pessoa possa se agarrar a qualquer outra coisa como, por exemplo, a esperança. Digo às mulheres que embora "deixar cair" não signifique que antigos e dolorosos sentimentos e recordações não venham à tona de vez em quando, tanto em momentos de tranqüilidade quanto de estresse, seria melhor que elas não reagissem cada vez que os sentissem.

Freqüentemente, as mulheres ficam surpresas ao descobrir que nem todos os pensamentos e sentimentos precisam ser revelados ou ter conseqüências. Na realidade, parte do processo de amadurecimento significa aprender a escolher o que nós mesmas devemos resolver e o que pode ser resolvido com a ajuda dos outros. A alternativa é fazer o que Gary, um ouvinte, descreveu:

"As mulheres não perdoam bem. Elas jamais esquecem – e empilham desapontamentos como pratos. As mulheres tendem a estourar no que parecem 'momentos inesperados' que nos pegam de surpresa."

Essa visível falta de perdão é uma arma na luta pelo poder entre os casais. E esta arma é empunhada por diversas razões importantes:

1. Com a intenção de magoar como vingança por algum sofrimento real ou imaginado.
2. Como uma ferramenta de rebaixamento do outro para recuperar o controle.
3. Como uma forma de inverter a situação, fazendo a mulher de vítima quando ela não está disposta a assumir a responsabilidade pelo erro que cometeu.

A ironia está no fato de que a mulher quer permanecer casada (e feliz), mas ao mesmo tempo se prende na infelicidade ao não "esquecer" e "deixar cair".

Vou repetir: basicamente, o que as mulheres precisam reconhecer é a diferença entre homens e mulheres. Sobre isso, Cary, um outro ouvinte e marido, descreveu alguns pontos cruciais de desentendimento entre ele e sua esposa. Francamente, eles me parecem bem universais:

"Constantemente minha mulher me diz que eu nunca presto atenção. Na maioria das vezes que tentei, não consegui entender tudo o que

ela queria me transmitir. De modo geral, os homens só vêem ou o preto ou o branco. Os homens odeiam grandes elucubrações. As mulheres, em geral, vêem um segundo significado em tudo."

"As mulheres se ofendem com qualquer coisinha e ficam frustradas porque os homens não se atêm aos detalhes e nuances de sentimentos. Elas ficam com a impressão de que nós não nos importamos."

"De modo geral, as mulheres gostam de conversar, falar e desabafar sobre um problema. Os homens instintivamente ligam o 'canal solução' para tentar resolver o problema e se livrar dele! Nossa intenção é apenas ajudar."

Se as mulheres simplesmente aceitassem as características masculinas, evitariam muitas discussões e brigas. Cary concluiu dizendo que acha que as mulheres tendem a lutar mais contra as características naturais dos homens do que os homens contra as das mulheres. Acho que ele está com a razão.

Uma das infelizes seqüelas do movimento feminista é a falta de respeito pelas características exclusivas e especiais da feminilidade e da masculinidade. Atualmente, diversas mulheres estão se dando conta de que os direitos podem ser os mesmos, mas as características são bastante diferentes. Isso as ajuda a compreender e aceitar melhor os homens.

Sara May, uma de minhas ouvintes, começou essa jornada quando participou de um Fim de Semana da Mulher, um evento religioso. Ela me descreve os resultados de sua mudança de postura:

"Aprendi a elaborar uma nova lista de todas as qualidades de meu marido que eu amava e apreciava, a demonstrar meu amor e afeto em pequenos atos do dia-a-dia e a fazer com que ele se sentisse valorizado por mim.

Comecei assim a sentir a beleza da minha feminilidade outra vez... e ele também!

Descobri também que com minhas amigas posso compartilhar sentimentos que não consigo dividir com meu marido, porque não faz parte da sua natureza, como homem, se aprofundar tanto quanto as mulheres no nível emocional."

Isso significa que, se seu marido não *diz* todas as coisas poéticas que você acha que ele deveria dizer, fique atenta para o que ele *faz*. Para seus gestos de ajuda e apoio. Os homens são feitos para agir. Eles se comunicam através das ações.

Marge, uma ouvinte, está consciente dessa característica:

"Talvez meu marido não me diga, com a freqüência que eu gostaria, o quanto ele me ama ou como sou bonita. Mas ele sai de seu trabalho no meio do dia e se encontra comigo, onde eu estiver, para resolver um problema com meu carro. Eu não lhe peço para agir assim, ele apenas faz – e faz para mim. Ele faz essas coisas para mim há muito tempo, mas precisei abrir os olhos para apreciar o significado dessas gentilezas."

Da mesma forma como se comunicam sobretudo através de ações ou de atos físicos, os homens gostam de receber mensagens de amor de suas mulheres através de gestos. Quando uma esposa se aconchega no corpo de seu marido, apesar de estar esgotada por causa de seu dia, ele entende perfeitamente bem a mensagem de que é amado, desejado, apreciado e aceito. E como disse Cheryl, uma ouvinte, com muita sabedoria: "Quando ele se sente amado e respeitado, é fácil tratar e cuidar dele."

Quando uma esposa deseja comunicar alguma coisa importante a seu marido, a abordagem simples e direta é mais eficaz. Isso significa esquecer as insinuações e indiretas. Mark, um ouvinte, reclamou que as "esposas fazem insinuações em vez de dizerem apenas o que querem. Se eu desejo alguma coisa, digo o que é. As esposas fazem mil rodeios que nos deixam confusos e perturbados".

Uma ouvinte escreveu para dizer que seu marido sempre esquece datas especiais e aniversários. Até descobrir que esse tipo de atitude não significa uma desconsideração com ela – ele não presta muito atenção a detalhes, mas está sempre presente para as coisas mais importantes –, ela ficava magoadíssima. Passou então a mencionar as datas importantes com alguma antecedência e a programar com ele a forma de comemoração.

Outro depoimento importante é o dessa ouvinte:

"Durante muito tempo, esperei que meu marido lesse a minha mente. Isso abrangia tudo, das minhas cores favoritas ao meu restaurante predileto e aos lugares onde eu gosto que ele me toque quando fazemos amor. Eu achava que poderia lhe dar indiretas e que ele certamente entenderia. Tive de aprender a dizer claramente o que quero e o resultado foi o melhor possível."

O fato de um marido não conseguir ler a mente de sua esposa, avaliar todos os seus estados de espírito e satisfazer qualquer desejo dela não significa que ele não a ame ou que seja insensível. Provavelmente significa que ele é apenas um homem normal.

E existem momentos em que esses "homens normais" querem se comunicar e não o fazem... em grande parte porque têm medo.

Eles pensam que se não disserem o que estão pensando serão censurados, e se disserem o que estão pensando serão censurados por "não dizerem o que *deveriam* dizer".

Lloyd, um ouvinte, me mandou uma carta engraçada sobre esse problema:

"Se as esposas quiserem estabelecer uma comunicação prazerosa com seus maridos, têm que abordá-los dizendo o que estão pensando e sentindo e fazendo perguntas com frases simples e absolutamente claras.

Exemplos:

Esposa: – Querido, eu cortei o cabelo hoje. Você gostou? (Acredite-me, todos os homens sabem como responder a esta pergunta corretamente.)

E não: – Querido, você notou qualquer coisa diferente? (Ah! E aí ela fica uma fera quando perguntamos se o vestido dela é novo.)

Ou:

Esposa: – Quero ir ao cinema hoje à noite.

E não: – O que é que você está a fim de fazer hoje à noite? (E aí sair batendo as portas quando dizemos 'ficar em casa e assistir à televisão, querida'.)"

Lloyd termina dizendo que o que ele quer é que as esposas "compreendam" que os homens não compartilham seus pensamentos e sentimentos tão prontamente quanto elas – de um modo geral, eles não vêem necessidade de incomodar os outros com seus sentimentos. Se alguma coisa precisa ser feita, eles a fazem. Se alguma coisa precisa ser dita, eles a dizem. A maioria deles convive com seus pensamentos e se adapta.

Mas um enorme problema que os homens têm ao se abrirem com suas esposas é que as conseqüências são freqüentemente desagradáveis, algo que presenciei muitas vezes nas sessões de terapia de casal. Uma esposa insistia para que o pobre coitado revelasse seus sentimentos para, a seguir, atacá-lo com fúria e acusá-lo de estar completamente errado e de ser insensível, burro, mesquinho, etc.

Chegou ao ponto de eu dizer, nas entrevistas, que as mulheres só se importam com os sentimentos de seus homens quando esses sentimentos não as ameaçam de nenhuma maneira ou representam elogios. Descobri que a maioria das esposas não quer realmente ter de se importar com os sentimentos dos maridos, elas apenas desejam que eles tenham consideração pelos sentimentos delas e que se importem com elas, etc. Qualquer outro sentimento de seus maridos, que não sejam agradáveis ou convenientes para elas, são geralmente aniquilados. Admita isso. Muitas mulheres estão presas ao "Nenhum sentimento é mais importante do que o meu". Esta é uma postura egoísta que precisa ser combatida para que haja qualquer compaixão real pelo marido.

A reclamação de Glen vai direto ao ponto:

"Todas as vezes que tento transmitir um sentimento à minha esposa, ela reage com uma explicação muito clara dos motivos pelos quais eu não deveria me sentir daquela forma.

Após 35 anos de casamento, ela não consegue compreender por que eu me fecho no meu escritório e evito qualquer discussão importante com ela. Não percebe como sua reação habitual me faz desistir antes de começar.

Eu amava minha esposa, criamos juntos três filhos que já são adultos, e sempre fui fiel a ela. Teríamos vivido bem melhor se ela pudesse me ouvir e acolher o que eu digo em vez de ficar elaborando sua 'defesa' enquanto eu falo."

Que carta triste. Freqüentemente os homens não falam porque suas esposas não os deixam dizer o que elas não querem ouvir. E assim os maridos são excluídos, e assim excluem seus próprios sentimentos. E, a seguir, excluem suas esposas. Já recebi centenas de cartas de maridos que expressam a mesma dor do Glen. O mais incrível é o fato de a maioria dos homens dizer que ainda amam suas esposas e suas famílias, que são fiéis, e não terem ido embora.

Outro aspecto da questão é descrito por Roberto:

"Uma coisa que acho muito frustrante é minha esposa insistir em obter uma resposta ou opinião quando não estou pronto para falar. Creio que a maioria dos homens leva mais tempo para processar as idéias e colocá-las verbalmente. Às vezes precisamos começar a pintar um cômodo, jogar bola ou fazer alguma atividade física para saber o que pensamos a respeito de algo ou para descobrir as palavras certas para transmitir nosso pensamento. Eu só queria que minha esposa me desse tempo para pensar quieto."

Mais uma vez: quando as mulheres não levam em consideração a natureza "masculina" de seus maridos, elas freqüentemente acabam prejudicando o relacionamento, apesar de suas boas intenções. As esposas possuem o hábito de questionar à exaustão os maridos sobre seus assuntos, seus sentimentos, etc. Os homens, na sua maioria, não querem ser interrogados – querem apenas ser ouvidos. E é preciso que as mulheres desconfiem da forma como interpretam o que ouvem deles. Se elas não estiverem profundamente conscientes das diferenças, correm o risco de passar as respostas e observações masculinas por seu filtro feminino e, com isso, distorcê-las.

As mulheres deveriam aceitar o que um homem diz sem procurar segundas intenções. Elas tendem a analisar demais, e os homens não são tão complicados.

Charlie, um outro ouvinte, fala desse problema com muita clareza:

"A falta de respeito por opiniões diferentes é muito freqüente. Muitas vezes temo compartilhar minhas opiniões e meus sentimentos por causa da reação irritada de minha mulher, que, em vez de procurar me conhecer como sou, procura me fazer igual a ela.

E o triste é que, quando um homem cede à imposição da mulher e se deixa dominar por seus desejos, ela o despreza e se sente menos atraída pelo fracote que ela mesma criou!"

A seguir, temos os erros mais comuns que as esposas cometem quando tentam se comunicar com seus maridos. Eles foram todos enviados por ouvintes homens:

"Quando querem alguma coisa, as mulheres soltam insinuações. Se não entendemos o que elas querem, somos considerados insensíveis, indiferentes ou distraídos. Se conseguissem fazer um pedido simples como 'Será que você poderia fazer isso para mim?', saberíamos o que elas desejam. Além disso, as mulheres hipersensíveis em geral só são sensíveis a seus próprios sentimentos e a suas próprias necessidades, e não aos de seus maridos'."

"Nunca sei quando minha esposa quer um conselho ou apenas desabafar. Por exemplo, ela me dirá que não tem tempo para preparar o jantar. Eu me ofereço para levar nossa filha de um ano para dar uma volta enquanto ela o prepara. Ela fica amolada porque queria que eu tivesse pena dela e a confortasse, e diz que eu não a compreendo. Se ela me conta um problema, eu procuro uma solução. Como posso saber quando preciso apenas ouvir... sem ajudar com uma solução?"

"Fui casado 32 anos e então me divorciei. Um homem não é um leitor de mentes. Para que seu marido preste atenção e não pense que a conversa é banal, a esposa precisa comunicar as coisas que considera sérias de uma maneira especial. Faça alguma coisa diferente, como, por exemplo, segurar a mão do seu marido e dizer: 'Quero te contar uma coisa muito importante para mim.'"

"Um homem acorda de manhã com pensamentos muito práticos e objetivos: 'Hum, o que vou fazer hoje? Eu poderia trabalhar no carro, ou talvez eu e minha mulher pudéssemos ir a algum lugar – o que será que ela quer fazer? Se ela estiver ocupada, talvez eu possa procurar um dos meus amigos e jogar uma sinuca...' Não há nenhum indício de malícia aqui. Aí a esposa entra no quarto e diz: 'Bem, se o que você pretende fazer hoje é ficar o dia todo trabalhando no carro, vou arrumar alguma coisa para mim. Não sei se você já notou, mas nós não fazemos mais nada juntos... blá, blá, blá...' Esta é uma forma indireta, defensiva e até agressiva de dizer o que ela realmente deseja: 'Eu gostaria de fazermos um programa juntos, porque gosto da sua companhia e tenho sentido falta de você.' Mas, a essa altura, o homem está acuado e responde com impaciência, quase irritação: 'Puxa, meu amor, eu ainda nem tomei meu café da manhã. Por que você está reclamando de uma coisa que eu nem fiz? Você está me culpando por um crime que não cometi e, quer saber, estou me sentindo manipulado e não gosto disso.' Mulheres: não façam rodeios, digam simplesmente – e afetuosamente – o que desejam!"

"Se você quiser discutir alguma coisa com seu marido, inicie a conversa com o assunto. Diga logo o que você quer discutir. Por exemplo, a educação das crianças, despesas do casal ou qualquer outra coisa com a qual você não esteja satisfeita. Não fique soltando insinuações que são difíceis de serem entendidas ou ininteligíveis. Quer ver uma forma errada de perguntar? 'Quanto é que você gastou para jogar golfe no fim de semana? [Pausa.] Será que não foi um pouco demais para um jogo? [Pausa... silêncio... um tempão...] Por que você nunca quer conversar sobre dinheiro?' A maneira correta seria: 'Eu gostaria

de conversar sobre dinheiro. Estou preocupada porque acho que estamos gastando demais.'"

"Os homens não lêem mentes. Muitas vezes me vi em uma situação onde minha mulher me dava a impressão de que eu tinha feito algo errado sem que eu tivesse a menor idéia do que se tratava. Mas a atmosfera da casa ficava pesada; minha mulher fechava a cara e se calava. Quando lhe perguntava o que havia de errado, ou o que é que eu tinha feito, a resposta era sempre a mesma: 'Nada.' Um dia resolvi (logo eu!) ter uma conversa séria com ela. Basicamente eu lhe disse: 'Não posso resolver um problema se não sei qual é. E desse jeito a nossa relação vai ficando cada vez mais difícil.' A minha vida está muito melhor agora."

Foi estimulante ler muitas cartas de esposas que venceram algumas das dificuldades relatadas pelos homens. Mary estava casada há dez anos quando (aos 47 anos de idade) começou a analisar com cuidado a maneira pela qual tratava seu marido. Costumava pensar que, por ser seu marido, ele deveria automaticamente saber como ela estava se sentindo e quais eram suas necessidades e desejos. Chegou à conclusão de que ele não tinha a obrigação de ler sua mente e ficou envergonhada por ter permitido que suas expectativas tivessem gerado tanta hostilidade em sua atitude com o marido.

"É impressionante como eu ficava irritada quando ele deixava a roupa lavada em cima da cama em vez de guardá-la no armário. Não falava nada, às vezes fechava a cara, querendo que ele adivinhasse. Agora eu apenas digo que as roupas estão limpas e peço a ele para, por favor, guardá-las. E ele guarda, sem nenhum problema!"

Mary acertou em cheio quando disse ter chegado à conclusão de que seu marido nunca pretendera irritá-la, e que muito daquilo que a aborrecia era conseqüência da maneira pela qual ela interpretava suas ações ou sua inércia.

Na realidade, acreditar que o marido deseja o bem-estar de

sua esposa, que ele não tem a intenção de magoar ou desapontar e conseguir ver o aspecto positivo em meio ao negativo são os caminhos para construir uma relação feliz. Kelly escreveu contando uma história que ilustra esta questão. Depois de uma discussão exaltada entre o casal, ela, sentindo-se furiosa, foi para um outro cômodo onde se sentou e ficou pensando que, se ele a amasse, sairia e lhe compraria flores, porque era ele que estava errado. Enquanto esperava as flores que não vinham, foi percebendo que não havia o certo e o errado na discussão, tratava-se apenas de uma divergência de opiniões. Quando percebeu que estava dando mais importância a "vencer uma briga" do que a seu casamento, saiu e foi comprar um buquê de rosas para o marido. Quando voltou com as flores e disse que não queria sentir-se afastada dele porque o amava, tiveram uma excelente conversa e perceberam a insignificância do motivo da discussão.

"Eis aqui uma Regra de Ouro. Em vez de ficar remoendo o que você não está conseguindo e transformar isso em uma queda-de-braço para ver quem ganha, tente dar ao seu marido aquilo que você gostaria de receber. Pense em tudo o que ele representa para você e sua família e diga-lhe o quanto o admira por isso."

Se você escolheu um homem bom e decente e se concentrar em *dar* em vez de reclamar o que não ganha, você se sentirá mais feliz, receberá em retribuição muito amor e carinho, e a ligação de companheirismo dos dois ficará fortalecida.

Alexis, uma ouvinte, escreveu uma carta que resume todo o tópico da comunicação. Ela fala sobre a maneira correta de tratar o marido e, ao mesmo tempo, conseguir o que você quer – assumindo, é claro, que o que você quer é razoável.

Alexis tinha um conflito constante que ocorre na maioria das casas: conseguir que o marido ajudasse mais no trabalho doméstico. Ela começou agindo da maneira que a maioria das esposas faz: discutiu, ficou zangada, resmungou, ameaçou, condenou e puniu. Nada disso funcionou. Um dia, quando estava exasperada, respirou fundo e conseguiu perguntar ao marido com um tom de voz doce e carinhoso: "Querido, eu preciso saber se, quando peço a você para fazer alguma coisa aqui em casa, estou pedindo demais?" Ele pensou por um instante e respondeu: "Não, e eu posso fazer mais do que estou fazendo." E tudo o que Alexis disse foi: "Que bom!"

Agora, Alexis valoriza a ajuda do marido, elogiando-o e agradecendo.

Talvez você se pergunte por que ela está agradecendo a seu marido por alguma coisa que ele "deveria fazer", já que a casa também é dele, e as mulheres não são escravas... e aí surgem todos aqueles pensamentos e sentimentos negativos que arruínam o dia. Mas todos merecem e necessitam de apreciação e aprovação pelo que fazem – sendo obrigação ou não. Como Alexis disse:

"Quando as elogiamos, as pessoas ajudam com mais prazer."

Para concluir, vou dar a vocês a lista que Ron preparou para as esposas que querem se comunicar, cuidar de seus maridos e casamentos da melhor forma. Ele disse que a maioria das mulheres não percebe como é fácil conseguir o que querem. Aqui estão os pontos que ele mencionou:

1. Os homens se encantam com a honestidade, e não com a manipulação (reclamar, forçar, gritar, chorar ou fazer chantagem emocional).
2. Se uma esposa pedir algo muito complicado, nossa tendência é esquecer ou perder o interesse. Portanto, quando as esposas fazem pedidos diretos e simples, geralmente adoramos transformar esses pedidos em realidade.
3. Nós adoramos poder resolver da melhor maneira problemas complicados para aqueles que amamos. Se vocês valorizam nossa ajuda, podem sempre contar conosco. Quem não gosta de ter o ego afagado?

4. Ao nos pedirem qualquer coisa com carinho, vocês criarão em nós disposição para fazermos o que vocês querem. O tom duro e autoritário traz à tona todas as figuras opressoras de nossas vidas e cria uma resistência imediata.
5. Quando estamos fazendo algo que vocês pediram, podem ocorrer problemas e pequenos – ou até grandes – desastres. Procurem encarar isso com compreensão e o máximo de serenidade de que forem capazes. Pitos e punições não resolvem nada. Solidariedade amorosa dá ânimo para recomeçar o trabalho.

Gary, um ouvinte, resumiu tudo o que está escrito acima:
"Quer ter um marido feliz e satisfeito? Seja alguém que ele possa respeitar. Ame-o como se você nunca tivesse sido magoada e deixe-o retribuir o sentimento."

É de tudo isso que vocês precisam para se comunicar melhor. Espero tê-las ajudado a serem mais felizes agindo assim.

Capítulo 6

VAMOS FALAR DE SEXO?

"Acho que as mulheres solteiras usam seus corpos como instrumentos para conquistar os homens. Assim que se casam, elas buscam outros instrumentos. As jovens deveriam ser mais recatadas, e as esposas, menos – quando estivessem com seus maridos. Em vez disso, as mulheres solteiras mostram coxas e seios, enquanto as casadas se vestem como freiras. Nos meus tempos de solteiro, eu via muito mais pele da minha mulher do que vejo hoje como um homem casado – e olha que eu era virgem quando me casei!"

BOB

"Precisamos de mais sexo. Uma vez por dia é suficiente."

STEVE

Se eu estivesse enumerando as regras para construir um casamento feliz, a primeira seria... gostar de si mesma. Em matéria de sexo, como é que isso aparece? De várias formas.

Após o casamento, e sobretudo após terem filhos, muitas esposas contraem a "síndrome do desleixo", cujos sintomas abrangem usar pijamas velhos ou calças de moletom com camisetas enormes na cama, em vez de camisolas ou pijamas bonitinhos e atraentes; não depilar as pernas, não fazer as unhas; não lavar, cortar ou até mesmo pentear o cabelo; tirar (em vez de retocar) a maquiagem antes de o marido chegar em casa; usar a privada com ele dentro do banheiro; não se esforçar para estar perfumada; e jamais vestir roupas sensuais... na frente do marido.

Quando as mulheres telefonam para o meu programa de rádio para dizer que estão infelizes em seus casamentos, mas que na realidade não há nada errado, eu lhes pergunto se elas contraíram a síndrome do desleixo. Quase sempre a resposta é sim. Quando eu sugiro a cura óbvia, sou confrontada por mulheres zangadas, irritadas, rancorosas e neuróticas! É inquietante quando uma mulher adota essa noção de que, após se casar, ela tem o direito de ser amada, adorada, protegida, presenteada, paparicada, obedecida e sustentada sem questionamento, sem reciprocidade e definitivamente sem qualquer esforço de sua parte para criar um ambiente emocional e psicológico que provavelmente a ajudaria a ser bem mais feliz com ela mesma e com o marido.

As esposas se justificam acusando os maridos de atitudes pouco atraentes. "Bem", eu digo, "pode ser que sim, mas é você que está me telefonando para dizer que se sente infeliz. E, portanto, é você que pode melhorar essa situação." Eu então volto a repetir o que digo quase diariamente em meu programa: que os "homens são mais simples" e que elas, as esposas, realmente podem mudar o que está acontecendo no relacionamento porque, como eu já disse, os homens perdoam com mais facilidade e são mais facilmente corrigidos em seus comportamentos através de uma postura positiva do que as mulheres.

O que atrai os homens nas mulheres é a feminilidade, e a feminilidade não existe apenas na aparência, mas também – e fortemente – nas atitudes. Ser feminina e comportar-se de forma sedutora são presentes que as esposas dão a seus maridos. Este presente comunica ao marido que ele é visto como homem, e não como provedor ou doador de esperma. E se o que uma esposa deseja ardentemente é romantismo, apresentar-se como uma mulher atraente lhe trará mais romantismo do que apresentar-se como uma babá de crianças, uma faxineira ou apenas uma outra provedora.

Kelly, uma ouvinte, escreveu que se lembrou de como se dedicava a agradar seu agora marido quando estava namorando. Ela adorava a maneira como ele a "desejava" e adorava a sensação de desejá-lo.

Após o casamento havia contas a pagar, duas carreiras, uma casa para manter e filhos para criar. Após o nascimento do segundo filho, ela abriu mão de sua carreira para cuidar da casa e dos filhos. Passava o dia limpando a casa, lavando roupa, indo ao supermercado, brincando com as crianças e controlando o talão de cheques. Quando seu marido chegava em casa, ela tinha uma lista de coisas que queria que ele fizesse... naquele momento! E, é claro, nenhuma dessas coisas tinha a mínima relação com romance, intimidade ou qualquer outra atividade amorosa.

Descobriu que estava se tornando mais rabugenta, mais agressiva, mais desagradável e... infeliz. Parou de receber o marido à porta com um abraço e um beijo, parou de lhe demonstrar afeição, parou de fazer amor e até de lhe dar um beijo de boa-noite. Basicamente, ela culpava o marido por sua infelicidade e insistia que era obrigação dele se esforçar para agradá-la e paparicá-la, compensando-a por sua vida tão atribulada. Não dava a menor importância às dificuldades do dia dele – que se tornavam maiores por causa do enorme descontentamento de sua esposa.

Foi ao ouvir meu programa de rádio que ela se deu conta de que estava usando o marido como bode expiatório para seus conflitos emocionais e que se concentrava tanto em culpá-lo por aquilo que ela achava que ele não lhe dava que nem mesmo notava o que não dava a ele.

"Estou procurando consertar isso. Comecei me conscientizando da sorte que eu tinha por poder ficar em casa educando meus filhos. É duro muitas vezes, mas sei que este período passa relativamente rápido, e que eu sentirei muita falta quando eles saírem de casa. Eu não poderia me dar este luxo se meu marido não trabalhasse tanto.

Ainda sinto prazer em fazer coisas que o deixam feliz, porque isso também me deixa feliz. Eu dou, ele dá. Eu dou mais, ele dá mais. Percebi que o puro ato de me dar me faz feliz."

Há duas questões importantes na carta de Kelly: apreciar o que ela tem e compreender que o ato de dar gera retribuição. E é preciso enfatizar que a coisa mais importante que uma esposa pode dar a seu marido é *se* dar. Portanto, ela precisa cuidar de si mesma para depois compartilhar. É ótimo que uma esposa limpe a casa, leve seus filhos para todos os lugares ou tenha uma brilhante carreira profissional, mas isso não significa dar-se a seu marido. A verdadeira essência do dar é mais íntima, mais sensível, mais vulnerável, mais profunda e mais pessoal.

Tratar uma esposa ou um marido com romantismo deveria ser uma rua de mão dupla, mas estou quebrando a cabeça tentando me lembrar de um filme, um livro, uma peça ou uma conversa no rádio em que eu tenha ouvido um homem descrever sua esposa como romântica. Não consigo me lembrar de nenhuma vez. Será que é porque os homens não precisam de romantismo? Não, não acredito nisso. Será que é porque os homens não recebem muito romantismo? Certamente.

Mas vamos primeiro voltar às diferenças nas definições de romantismo. Quando os homens definem romantismo, eles pensam naquilo de que as mulheres gostam: palavras carinhosas, flores, perfumes, jantares em restaurantes e presentes. Quando os homens imaginam suas mulheres como sendo românticas em relação a eles, pensam mais na maneira pela qual elas se apresentam para eles como mulher e no modo que elas insuflam o seu ego mostrando o quanto eles são desejáveis e competentes. Enfim, é a maneira pela qual elas os fazem sentir-se homens de verdade e pessoas especialmente importantes e valorizadas na vida delas.

Para que uma esposa possa fazer isso, ela precisa começar a pensar no marido. Para muitas esposas isso significa jogar fora seus baús de sentimentos desagradáveis e mesquinhos, seus ressentimentos, suas exageradas reações a aborrecimentos banais. Embora muitas vezes esta seja uma tarefa assustadora, as recompensas valem o esforço.

Isso talvez dê a impressão de que estou sugerindo que os homens querem que suas esposas se pareçam com as garotas da *Playboy*. Mas embora este seja um estereótipo popular, a minha pesquisa durante a preparação deste livro não comprovou isso. Não é a "perfeição absoluta" que os homens buscam em suas esposas (embora uma mulher "nota dez" atraia a atenção de qualquer homem); é o esforço para agradá-los que causa o maior impacto. Isso significa que os homens apreciam que suas esposas se importem com sua "natureza masculina", que reage intensamente ao estímulo visual.

Na realidade, os homens gostam de olhar os corpos nus de suas esposas, de vê-las se despindo, de vê-las usando uma roupa sensual. Os homens precisam destes estímulos visuais e deveriam obtê-los com suas esposas. Os homens que escreveram para comentar este assunto surpreendentemente concordaram que, quando se tratava de suas esposas, não havia em suas mentes um sistema de classificação de mulher perfeita. A maioria falava de seu desejo de que as esposas se vestissem (ou se despissem) e se comportassem de maneira mais sensual. Eles se sentem gratificados quando as esposas os presenteiam com um estímulo visual e um comportamento sedutor.

Ralph, um ouvinte, expressou sua frustração por sua esposa não se importar com essa parte da personalidade dele:

"A principal coisa que minha esposa não faz é cuidar dela mesma. No seu programa de rádio a senhora aconselha as mulheres a se comportarem da forma que atraiu seu marido durante o namoro. Espero que ela siga o seu conselho, pois o fato de ela não se importar com a própria aparência, além de torná-la menos atraente para mim, faz com que eu me sinta desvalorizado como homem e pouco desejado."

Ao ler todas as cartas dos homens, fiquei surpresa ao constatar como eles são sensíveis à questão da aparência das mulheres. Não se trata de uma reação impessoal, animal (como ocorre em relação a estranhas), mas uma reação muito pessoal. Sobretudo o que está explicitado na carta de Ralph: a mulher que investe em ser atraente para seu companheiro o faz sentir-se amado como marido e valorizado como homem.

Sabrina, uma ouvinte, escreveu para relatar a triste história de seu divórcio após dez anos de casamento. Seu marido a deixara reclamando que eles ficavam pouco tempo juntos (porque ela estava muito envolvida com seus pais) e ele não a achava mais atraente. Parece que ela tinha engordado muito por comer demais e se exercitar pouco. Aposto que, ao ler isso, a maioria das mulheres se insurgirá e qualificará o marido de Sabrina de superficial. Francamente, esta reação agressiva demonstra um egocentrismo ridículo. O impacto causado pelo envelhecimento natural, por doenças, gravidez, etc. em nossos corpos é um fato normal, e a incapacidade de aceitar essa nova realidade indica imaturidade ou pior. Mas a falta de disposição para manter-se bem física ou emocionalmente deveria ser combatida por maridos ou esposas, porque, além de ser destrutivo para a própria pessoa, constitui um ataque ao acordo matrimonial. E a indiferença ou descaso pela auto-imagem e pelas necessidades e sentimentos do marido ou da esposa representa uma atitude egoísta ou neurótica.

A carta de Sabrina continua dizendo:

"Eu poderia dizer a ele que faria uma dieta e ginástica para perder peso e me tornar mais atraente. Mas eu sabia, no íntimo, que eu não queria fazer essas coisas porque queria que ele me amasse e me aceitasse tal como eu era."

Este não é um sentimento incomum em mulheres que expressam insatisfação ante o fato de seus maridos quererem que elas cuidem do corpo, se vistam direito e se façam atraentes. Elas agem como se seus maridos fossem brutamontes egoístas, superficiais, insensíveis e tarados. A teoria "Se ele me amasse, ele me aceitaria tal como sou" é simplesmente irresponsável e prejudicial. Como já disse, a comunicação verbal é apenas um dos meios de comunicação. Muito também é transmitido por atitudes e comportamentos que mostrem a disposição de agradar e satisfazer as necessidades do outro. Os homens precisam emocionalmente saber que suas esposas os amam e desejam, e a maneira como elas cuidam de si e se apresentam expressa estes sentimentos.

A continuação natural dessas atitudes e posturas positivas é a intimidade sexual. Phil, um ouvinte, introduz essa questão maravilhosamente bem:

"Para os homens serem felizes, eles não precisam de uma parceira sexual fantástica. Fazer amor com a esposa, mesmo com pouca freqüência, mantém o homem saudável e ligado a ela. Mas quando o sexo é negado, e o homem se sente rejeitado, a necessidade de sexo e a sua falta tornam-se uma obsessão constante para os homens e os força a direcionar seus pensamentos para fora de casa.

Creio que a maioria dos homens não quer deixar suas esposas – eles são levados a fazê-lo pela falta de amor físico, de consideração e de compreensão na área da sexualidade."

A sexualidade masculina é um outro tópico que parece provocar agressividade em muitas mulheres. Boa parte desta agressividade é produto de uma paranóia resultante da constatação de que elas de fato não estão colocando as necessidades dos maridos em destaque nas suas listas de afazeres. Kim, uma ouvinte, entendeu isso rapidamente quando seu marido lhe perguntou se um divórcio a deixaria feliz. Ela ficou chocada! Não conseguia compreender o que ele queria dizer, porque se sentia muito feliz com sua vida, seu casamento e seus filhos. Imediatamente suspeitou que ele tinha uma namorada, mas não era este o caso. Pelo contrário: ele achava que ela devia estar obtendo satisfação sexual com outra pessoa, porque o rejeitava sexualmente quase todas as vezes.

O marido disse que a amava, que queria que ela fosse verdadeiramente feliz e que sentia muito por não estar conseguindo isso. Segundo Kim:

"A verdade era: eu tinha uma desculpa todas as vezes que ele queria fazer amor. Eu dizia: 'Estou cansada', 'Você só demonstra amor na cama' ou 'Não estou a fim'."

Seu marido então lhe confessou que vinha olhando fotografias pornográficas na Internet. A primeira reação de Kim foi de desgosto, a seguir de profunda mágoa. Ele então lhe explicou o vazio que sentia, mas que era mais fácil fazer aquilo do que ir para a cama e ser rejeitado por ela outra vez. Disse-lhe o quanto isso o frustrava e como ele se sentia perplexo e desvalorizado. Kim escreveu:

"Fiquei triste e humilhada ao constatar minha falta de generosidade. É verdade, eu me dou todos os dias a meus filhos, a minha casa, a meus amigos e até a mim mesma de diversas maneiras, mas falhei ao não me dar à pessoa que torna minha vida completa, feliz e possível – meu melhor amigo –, meu marido.

A minha verdade: antes de casar, eu usava o sexo para conseguir o que queria. Agora que tenho o que sempre quis, vejo o sexo como algo inútil. Descartei as necessidades emocionais e fisiológicas do meu marido sem me dar conta do mal que estava fazendo a ele. E a mim mesma."

"Descartei as necessidades emocionais e fisiológicas do meu marido." Esta frase é um mea-culpa fortíssimo. Desde então, Kim mudou suas prioridades. Passou a olhar seu marido como o homem atraente e ótimo pai que ele é. Descobriu como o contato com seu corpo é agradável, como seus beijos e o toque de suas mãos podem ser excitantes e prazerosos. A sexualidade de Kim veio à tona e ela conseguiu usufruir dela com seu marido. A vida mudou na casa do casal.

Mesmo assim, é surpreendente como as queixas das mulheres revelam uma mentalidade que reduz o homem a um mero animal no cio, sem nenhum conteúdo mais profundo. No entanto, após ler todas as cartas enviadas por homens, não é possível manter essa mentalidade.

Na realidade, a maioria dos homens relatou que seus desejos por sexo não são apenas uma "válvula de escape" (embora tanto os homens quanto as mulheres precisem muito dela). Como Chris, um ouvinte, escreveu:

"Eu não compreendo por que as mulheres não se dão conta da importância do sexo na vida de um casal. Não é apenas o ato e a sensação de prazer, mas a intimidade especial que se estabelece. Durante a relação sexual ocorre uma comunhão que une profundamente os dois e faz com que o homem se dê mais emocionalmente à mulher.

Quando essa necessidade não é satisfeita, o homem começa a ver sua esposa como um companheiro de quarto que não paga a sua parte do aluguel, mas reclama por ele deixar a tampa da privada levantada."

Ron, um ouvinte, diz que sexo e carinho são formas saudáveis de os casais se unirem, e por isso deveriam ser praticadas livremente e com muita alegria em um bom relacionamento. Segundo ele, se as mulheres considerassem o sexo e o carinho tão importantes quanto qualquer outro aspecto do casamento, haveria menos separações porque haveria mais satisfação e mais união.

Jéssica, uma dona-de-casa, escreveu para contar que a maioria das mulheres se diz cansada e considera seus maridos uns egoístas por estarem querendo dar uma "transadinha". Ela diz que, quando as amigas lhe falam isso, ela lhes lembra que estão transmitindo mensagens negativas a seus maridos quando se mostram dispostas a levantar inúmeras vezes no meio da noite por causa dos filhos, mas agem como se alguns poucos minutos de intimidade com os maridos fossem uma tarefa desnecessária.

"Acho que existe o mito de que os homens precisam ejacular. Perguntei a meu marido: 'Se eu apenas me deitar e deixar você fazer o que quer, você ficará satisfeito? É disso que você precisa?' Ele

ficou ofendido! Ele quer interagir comigo. Quer que eu participe junto. O sexo não é uma mera válvula de escape para ele.

Eu também lhe perguntei: 'Depois de fazermos amor, você se sente fisicamente mais aliviado, mais próximo de mim, mais feliz com a sua família, mais completo ou livre de estresse e preocupações?' Ele respondeu dizendo que se sente bem em relação à família e ao nosso relacionamento."

Eu me pergunto quantas mulheres teriam a coragem de fazer essa pergunta a seus maridos... e respeitar a resposta?

Além do óbvio prazer físico envolvido, ao fazer sexo os homens se sentem mais emocionalmente ligados a suas esposas. Se as esposas se conscientizassem disso e aproveitassem a união física para fortalecer o vínculo com os maridos, ambos ficariam muito mais felizes. O sexo é uma das maneiras de os homens comunicarem o que sentem a suas esposas.

Quando as esposas são intolerantes ou rejeitam a intimidade sexual e a afeição física, os homens começam a achar que elas não se interessam mais por eles de uma forma profunda e pessoal. Até que ponto um homem se sentirá solitário ou castrado antes de se desinteressar por completo por sua esposa? Ron, um ouvinte, diz:

"Eu acredito que a maioria das esposas que se sentem seguras em seus casamentos acha que, pelo fato de seus maridos as amarem, elas não precisam mais se interessar tanto pela parte sexual do casamento como faziam no início. Mas o que a maioria dos homens quer é uma esposa que ainda os deseje, e a demonstração disso está na intimidade obtida através da experiência sexual. Do ponto de vista de um homem, se isso não acontece, sua comunicação, seu estado de espírito e seu bem-estar masculino sofrem, e a tendência é começar a se afastar da esposa e ficar muito mais vulnerável aos apelos externos."

A carta de Mike foi uma das mais tocantes que recebi. Ele começou dizendo:

"Dra. Laura, a senhora tem apoiado os maridos abertamente. E isso é exatamente o oposto do popular 'meter o pau nos homens' que eu quase sempre preciso suportar. Por essa razão, vou compartilhar meus pensamentos sobre este assunto."

Mike continuou se descrevendo como um homem de 44 anos com três filhos, todos adultos. Este é seu segundo casamento, e sua atual mulher já tinha dois filhos adultos. Ele fala sobre o tratamento e o cuidado de que precisa para se "sentir um homem". Mike aceita seu papel como provedor e protetor de sua família e se dispõe a trabalhar muito para isso. Mas diz que necessita do reconhecimento e da apreciação que um beijo à porta, um abraço caloroso, uma massagem nas costas podem transmitir.

Ele prossegue dizendo que infelizmente a afeição e a intimidade física não existem mais no relacionamento – e ele desconhece o motivo. Quando se aproxima da mulher, só encontra frieza e rejeição.

"Quando passo meses sem sexo ou afeição, a mensagem que recebo é de que não sou desejado nem tenho valor. Se eu fosse apreciado, eu me sentiria 'amado'. Preciso receber atenção e carinho para me sentir saudável e feliz."

Recebo muitas cartas como a de Mike e fico arrasada ao ler sobre a intensidade da mágoa que os homens sentem por suas esposas os rejeitarem sexualmente. Esta não é uma frustração física, é um sofrimento real.

Achei interessante o que um ouvinte homem escreveu, dizendo que em sua opinião o que essas mulheres estão fazendo é o "equivalente moral da infidelidade". Esta afirmativa merece alguma atenção. Quando falamos de infidelidade masculina, imaginamos um marido tendo um relacionamento emocional e/ou sexual fora do casamento, seja com "uma mulher verdadeira" ou com uma "mulher virtual" na Internet. Esta é uma óbvia quebra do contrato e dos votos matrimoniais. Mas as palavras como amar, respeitar, proteger, cuidar, etc. estão também incluídas nos votos matrimoniais. Portanto, quando uma mulher quebra esses votos através de sua negligência, esta não será também uma forma de infidelidade? Talvez devêssemos começar a olhar o ato de intencionalmente privar um marido de suas necessidades legítimas como um ato de infidelidade, já que ele decorre de uma falta de fidelidade ao compromisso assumido.

O ato sexual é um sério objeto de controvérsia para muitas mulheres. Posso me lembrar de uma ouvinte, em particular, que reclamou que seu marido não compreendia o quanto ela estava cansada, sobrecarregada e assoberbada. E, além disso, ela acrescentava, "ele ainda quer sexo". Perguntei o que havia de errado nisso, já que a maioria das pessoas espera a monogamia nos casamentos, e não o celibato. Minha pergunta pareceu surpreendê-la... mas apenas por um momento.

Ela me desafiou: "Então eu tenho que fazer sexo quando não estou a fim, só porque ele quer?" Respirei fundo e respondi: "A maioria das vezes, sim." Ela ficou horrorizada e afirmou que sentia minha resposta como uma exaltação a uma forma de escravidão. Lembrei que ela esperava que seu marido fosse trabalhar e ganhar dinheiro para sustentar a família mesmo nos dias em que não estivesse com vontade. Acrescentei que ela esperava que ele visitasse os parentes dela, gostasse deles ou não, fosse ou não bem tratado por eles. Acrescentei ainda que, em relação a compromissos sociais, ela esperava que ele se submetesse às decisões dela, apesar das preferências pessoais dele. "Isso se chama", afirmei, "obrigação por amor." Desta vez, ela ficou quieta por mais tempo.

Eu então lhe perguntei sobre as vezes em que ela "não estava a fim", mas mesmo assim tinha feito sexo:

Dra. LAURA: – Você não ficou excitada em nenhum momento?

OUVINTE (rindo): – Fiquei.

Dra. LAURA: – Bem, então às vezes a máquina só precisa de um pequeno ajuste... E você não se sente ótima em relação a ele e à vida em geral depois de uma boa transa ou de um bom orgasmo?

OUVINTE (rindo outra vez): – Sim.

Dra. LAURA: – Então, por que diabos você quer excluir isso da sua vida? Não se preocupe com seu marido. Pense apenas naquilo que você está perdendo!

É claro que o sexo regular não é o remédio para todos os casamentos em dificuldades ou para todos os maridos/esposas amargurados. Porém, se as mulheres encarassem com mais amor e respeito as necessidades físicas de seus homens, elas ficariam mais felizes e mais bem preparadas para sobreviver e confrontar todos os irritantes desafios da vida.

Quando mulheres telefonam para reclamar que seus maridos só são afetuosos quando querem sexo, eu as lembro de uma coisa que um dos meus ouvintes, Clint, escreveu:

"Ela diz que quando eu a abraço fico logo querendo fazer sexo, porque eu me excito quando nos tocamos. Eu lhe digo que, por um lado, isso é prova de que me sinto atraído por ela. Mas, sobretudo, estou sempre tão carente por causa de suas recusas, que sou como alguém faminto diante de quem colocam um prato de comida. Se eu estivesse mais saciado, conseguiria expressar melhor meu afeto sem misturar com sexo."

Tenho recomendado às mulheres que tomem – em intervalos razoáveis – a iniciativa. Sei perfeitamente bem que este não é um movimento natural depois de um dia estafante, ou mesmo num casamento que caiu na rotina. Mas quando essas mulheres me telefonam de volta, todas relatam os mesmos resultados: (1) estão se divertindo mais e se sentem mais valorizadas como mulheres; (2) a intimidade e a ligação com os maridos aumentou; e (3) seus maridos deixaram de reclamar e parecem mais felizes.

Douglas acrescentou sua experiência, que serve de sugestão absolutamente pragmática:

"Se minha mulher está muito ocupada ou não está interessada em fazer sexo numa determinada hora, mas eu estou, ela diz alguma coisa do tipo: 'Então vamos lá, garotão. Mostra aí do que você é capaz. Vamos fazer isso só porque eu gosto de você.' Achando graça, ela pede para eu pular as preliminares e ir direto ao ponto. Demonstra bastante entusiasmo e energia. Eu gozo mais rápido e acho ela sensacional. O melhor é que muitas vezes ela se anima e me pede para ir mais devagar, porque também quer ter um orgasmo!"

Lembrem-se, é importante demonstrar entusiasmo. Até porque, ao demonstrar, vocês podem de fato se entusiasmar. Como Scott escreveu:

"Pior do que ser rejeitado é ver a mulher aceitando passivamente o que queremos para se ver livre o mais rápido possível. O orgasmo não é a única satisfação de um homem. O maior prazer que ele pode obter no sexo é saber que está satisfazendo sua esposa."

Deveria parecer óbvio que, quando você ama uma pessoa, você procura agradá-la, fazê-la sentir-se amada e contribuir para sua felicidade. Uma ouvinte, Michele, foi muito franca quando disse que, embora nem sempre esteja a fim, ela reage com alegria ao desejo do marido.

"Sei que muitas vão me criticar, mas amo tanto o meu marido que quero dar a ele o melhor de mim. É assim que o trato e respeito: com comunicação, compreensão, apoio, bolo de chocolate delicioso e o sexo mais fabuloso que consigo!"

Agora, com toda a honestidade, vocês acham que Michele demonstra estar oprimida e infeliz? Estou convencida de que a maior parte da opressão que as mulheres dizem sentir é causada por elas mesmas – por escolhas e atitudes errôneas.

Barbara escreveu após ouvir uma determinada ouvinte que não queria fazer sexo com o marido porque não estava recebendo dele as pequenas demonstrações de carinho que a faziam se sentir especial. Barbara ficou surpresa ao se reconhecer naquele telefonema! Estava acontecendo o mesmo com ela: ficava ressentida porque o marido não a tratava com carinho, e então mostrava-se fria, agindo na maior parte do tempo como se o ato sexual fosse uma tarefa a ser cumprida e da qual esperava se ver livre o mais rápido possível. Isso afastava cada vez mais o marido, o que aumentava o ressentimento de Barbara, e assim por diante... A coisa ia num crescendo. Ao ouvir o depoimento da ouvinte, Barbara detestou identificar-se com ela e resolveu mudar.

"*Comecei a ansiar por seduzir meu marido, e ele ficou tão surpreso que achou que tinha uma nova esposa! Voltou a me dedicar toda a afeição do início de nosso casamento, de que eu sentia muita falta, e eu passei a lhe demonstrar o quanto o amava.*

Sua ouvinte não pode esperar que seu marido a cubra de atenções enquanto ela rejeitar essa parte íntima de suas vidas que é tão importante para ele."

As mulheres esperam que seus homens as compreendam quando elas não estão a fim de fazer amor. No entanto, elas também precisam compreendê-los quando eles estiverem com vontade. Precisam também botar na cabeça que seus maridos não estão apenas querendo dar "uma transadinha", eles querem criar intimidade e ser aceitos por elas!

"Aceitar" as investidas sexuais/afetivas de um marido não é a única maneira de demonstrar disposição e afeto. Que tal ser a provocadora? Jeffrey, um ouvinte, escreveu por todos os maridos:

"*POR FAVOR, mulheres, tomem muitas vezes a iniciativa! Vocês não têm idéia do que significa para um homem ouvir sua mulher dizer 'Por favor, faz amor comigo!' ou sugerir sussurrando alguma prática sexual de que ela goste especialmente.*

Mulheres, não se preocupem demais com a perfeição da sua aparência física. Sua 'personalidade sexual' influencia muito a maneira como seus maridos as vêem. A mulher mais bonita do mundo que diz 'não' o tempo todo a quaisquer sugestões e propostas de sexo rapidamente se torna feia para o marido. Uma mulher supostamente 'feia' que está mais do que disposta a ser uma parceira sexual inventiva no quarto, na sala de estar, no chuveiro, no banco de trás do carro, no meio de um bosque, se torna uma das mais bonitas e atraentes mulheres do mundo.

Por favor, POR FAVOR, *se não estivermos fazendo bem alguma coisa no campo do sexo –* POR FAVOR, *nos digam. Tenham coragem, digam aquilo de que gostam, onde gostam, sussurrem palavras carinhosas e indecentes em nossos ouvidos e nós as seguiremos. E digam 'Eu te amo'. O quê? Vocês achavam que são só as mulheres que adoram ouvir isso?"*

Muitas mulheres telefonaram para meu programa de rádio para relatar sua relutância em "pedir umazinha" ou "sugerir alguma novidade". Isso é compreensível, porque ninguém quer se arriscar a sofrer uma rejeição. Mas, lembre-se, esta é a mesma dúvida emocional que seu marido tem! *Ele* precisa se comunicar de uma maneira ou de outra e arriscar a sua reação.

E não se preocupe em parecer "vulgar" para seu homem. Em centenas e centenas de faxes e e-mails enviados por homens, nenhum mencionava a hipótese de que ele ficaria constrangido ou horrorizado se sua esposa "se insinuasse". A expectativa universal é de desejo ardente e possibilidade de prazer.

Além de todas as coisas boas que podem ocorrer quando uma esposa se mostra mais disponível, agradável, receptiva, sedutora e aberta a novidades (isto é, assumindo mais responsabilidade pela vida matrimonial amorosa), há também a questão de insuflar o ego masculino, fato que contribui muito para a satisfação sexual de um marido. É aquela coisa de sentir-se importante. Como uma mulher escreveu:

"Quando o Viagra foi lançado no mercado e todo mundo estava falando sobre ele, um amigo perguntou a meu marido se ele estava tomando o comprimido. Eu rapidamente respondi: 'Você está brincando? O laboratório vem à nossa casa colher o sangue dele para

preparar o remédio!' Meu marido sorriu radiante, sentiu-se como era há 20 anos e passou a agir como tal!"

Ela terminou sua carta com um comentário muito comovente e interessante.

"A fé chega pela audição... Se dissermos coisas horríveis sobre o outro, começamos a acreditar nelas, e isso vai crescendo em uma progressão até a fé no nosso casamento acabar."

Helen, uma outra ouvinte, possui duas regras quando se trata de sexo em seu casamento. Primeiro, ela jamais rejeita seu marido – a não ser em casos extremos. Ela o descreve como um homem muito ardente, um homem que gosta de fazer amor várias vezes por semana.

"A não ser que alguma coisa muito grave tenha acontecido – o que inclui estar com muita raiva dele –, eu não o rejeito. Estou com mais de 40 anos e, sinceramente, já não sinto tanta vontade quanto antes. Em certas horas, penso no que a Dra. Laura disse em seu programa: que 'mesmo que você não esteja muito a fim, depois de começar fica divertido'. Ela tem razão!"

A segunda regra de Helen sobre sexo no casamento tem a ver com "experimentação". Evidentemente, seu marido é bastante criativo. Quando ele tenta alguma coisa nova, sua primeira reação muitas vezes é de raiva ou aversão, mas ela as supera pensando que vale a pena experimentar porque pode ser alguma coisa de que ela goste. Helen estabelece um limite bem claro – nada que cause dor ou que envolva outras pessoas –, mas acha que o lado criativo de suas relações sexuais é muito estimulante para os dois.

Mas vamos voltar ao problema da diminuição do desejo. Esta não é uma questão relacionada ao envelhecimento, e qualquer mulher que a veja desta maneira está se enganando. É verdade que quando a vida se torna rotineira e monótona a excitação é freqüentemente substituída por um tipo de apatia. Isso não é bom porque a vida se torna desinteressante. Nesse momento você precisa se aprumar e tomar alguma providência.

Lisa, uma ouvinte, resolveu sair desse lugar "monótono, maçante e desinteressante". Quando se deitava no fim do dia, ela só desejava dormir, mas seu marido "a importunava" querendo sexo. Então, numa tarde chuvosa, ela telefonou para o marido no trabalho e disse que aquele era um dia perfeito para ele voltar para casa cedo e se enfiar na cama com ela. Embora não pudesse, porque tinha uma reunião importante, ao chegar em casa ele lhe disse que não tinha conseguido parar de pensar nela o dia inteiro, mal podendo esperar para encontrá-la. Quantas esposas ouvem isso após 14 anos de casamento?

É muito bom para o ego de uma esposa ter um marido que ainda a considera desejável, mesmo com suas varizes, estrias e eventuais cicatrizes. As mulheres freqüentemente dizem que estão entediadas ou deprimidas com suas vidas, mas, se elas apenas se dispusessem a investir na relação sexual com seus maridos e se sentissem felizes com todo o carinho e afeto físico que receberiam em troca – sem falar no prazer –, acho que seriam mais recompensadas do que se tomassem algum comprimido de Valium.

O sexo, assim como qualquer outro aspecto do relacionamento matrimonial, precisa ser respeitado e cultivado. Portanto, não tenha uma televisão no quarto – deixe que ele seja um lugar de encontro e intimidade. O quarto de dormir pode ser um elemento muito importante na consolidação do casamento. Não subestime seu poder de gerar a energia pela qual todos os membros da família se beneficiam.

Capítulo 7

UM HOMEM DEVERIA SER RESPEITADO EM SUA PRÓPRIA CASA

"Quando me casei, meu pai me deu o seguinte conselho: 'Você está se casando com um homem. Se você sempre tratá-lo como tal, ele sempre agirá como um.'"

TAMMY

"Para uma mulher é fácil amar; foi assim que Deus a criou. Para ela, é mais difícil demonstrar respeito."

WENDI

"Eu acho que os homens precisam ser respeitados – e quanto mais forem respeitados, mais amor darão em troca."

JANETTA

Na véspera de começar este capítulo, recebi um telefonema de um casal durante o meu programa de rádio. O marido começou a conversa contando o último de uma série de típicos incidentes envolvendo sua sogra. Francamente, o comportamento e o ponto de vista da esposa me deixaram estupefata!

A mãe da mulher tinha ido passar uns dias em casa da filha, e a família saiu para jantar fora. Em determinado momento do jantar, o filho do casal botou o dedo no nariz, e a avó reagiu violentamente contra o menino, dizendo que "ele parecia um moleque".

O neto sentiu-se tão humilhado, que voltou no carro chorando. Ao chegarem em casa, o pai, irritado, começou a questionar a avó sobre seu comportamento. Para se defender, ela o atacou de forma extremamente agressiva, chegando a fazer um gesto obsceno para ele. Nesse momento, de acordo com o relato do pai, ele disse claramente à sua sogra que não admitia que ela o desrespeitasse em sua própria casa!

Perguntei à esposa se ela concordava com a descrição feita pelo marido. Embora ela concordasse de um modo geral, deixou muito claro que sua lealdade era para com a mãe. Criticou o comportamento do filho e disse que o marido tinha falado exageradamente alto e de forma violenta.

Para ser franca, fiquei surpresa ao não ouvir a mãe pular em defesa do filho. Infelizmente, estou mais acostumada a esposas que não pulam em defesa de seus maridos, especialmente quando suas "mamães" estão envolvidas. Quando mencionei sua censura ao próprio filho, ela reagiu reiterando a opinião da mãe de que o menino era "mal-educado".

A verdadeira surpresa ocorreu quando ela se virou contra o marido. Da maneira mais horrível, desdenhosa e sarcástica, ela o imitou dizendo "Um homem não deveria ser desrespeitado em sua própria casa". Realçou "homem" e "própria casa" com um arrogante desdém por ele.

Eu calmamente disse: "Você não acha que um homem deve ser respeitado em sua própria casa?" Ela petulantemente respondeu com "Acho que todo mundo deveria ser respeitado em todos os lugares". E eu repeti: "Você não acha que um homem deve ser respeitado em sua própria casa?" Ela se recusou a responder.

Não adiantou argumentar, porque ela seguramente não via nada de errado em sua postura ou atitude. Após o telefonema, eu disse para todos os ouvintes que sentia muita pena daquele homem e de seus filhos.

Uma outra ouvinte telefonou dizendo que seu marido protestava veementemente contra o seu desejo de ter mais um gato em casa. Ela pedia que eu a ajudasse a descobrir uma maneira de convencê-lo a concordar com o que ela queria.

Dra. LAURA: – Você não acha que ele tem direito de expressar sua opinião?

OUVINTE: – Sim, é claro que tem. É que eu não vejo nenhum bom motivo para não termos um outro gato.

Dra. LAURA: – Um bom motivo é ele não querer viver com diversos animais. Por que razão este não é um motivo suficientemente bom?

OUVINTE: – Será que eu não posso exigir que ele especifique mais claramente suas razões? Eu apenas quero saber por que ele pensa desta maneira.

Dra. LAURA: – Não, você não quer saber. Na realidade, você não está interessada em compreender a posição dele. Você apenas quer que ele enumere os argumentos para poder rebatê-los e conseguir o gato. Você não quer "compreender", na verdade você quer "manipular". Em geral, os homens são mais facilmente derrotados pelos argumentos de suas esposas do que o inverso.

OUVINTE: – É, acho que sim. Mas eu realmente quero esse outro gato!

Dra. LAURA: – Obviamente, você prefere ter outro gato do que demonstrar respeito e amor a seu marido.

OUVINTE: – Não, não é isso.

Dra. LAURA: – É sim, e você sabe disso. Você não está simplesmente feliz e satisfeita com um animal, você quer lhe impor um outro. Você está agindo como se a casa fosse só sua – e não "nossa". Suas atitudes indicam que o que *você* quer é importante, e que o desejo de seu marido representa apenas um obstáculo para o seu. Você está dizendo que ele é um estorvo na própria casa.

OUVINTE: – Puxa! Meu Deus! Eu nunca tinha pensado nisso. É,

acho que a senhora está com a razão – provavelmente é assim que ele se sente.

Dra. LAURA: – E o que é que você acha que vai obter em troca dessa atitude?

OUVINTE: – Entendi.

Algumas mulheres poderiam dizer que essa ouvinte é sufocada pelas vontades do marido, mas essas são mulheres casadas com homens que não se sentem felizes por estarem casados com elas. Há o necessário dar-e-receber, a amorosa negociação e cooperação entre marido e esposa que resulta no sentimento mútuo de companheirismo. Para mim, é claro que isso é mais importante do que simplesmente comprar um outro bichinho de estimação ou vencer o marido na queda-de-braço sem respeitar seus sentimentos.

Caprichos ou vontades não deveriam ser considerados questões importantes – mas agir com justiça e carinho, sim. Pense nos lares típicos; em geral, eles são em grande parte decorados a partir das escolhas, gostos e caprichos da dona-da-casa. Os corretores de imóveis me disseram que é geralmente a reação da mulher que motiva o homem a efetuar a compra. Os maridos se submetem a suas esposas porque eles as amam, querem agradá-las e porque (meninas, temos de ser honestas) nós transformamos suas vidas em um verdadeiro inferno quando eles não fazem o que queremos. Como os homens vivem em busca de nossa aprovação e aceitação, eles são muito fáceis de serem manipulados inadequadamente, insensivelmente, impiedosamente e cruelmente.

Uma ouvinte do meu programa de rádio forneceu um excelente exemplo desse tipo de manipulação. Desde que se conheceram, ela sabia que seu marido odiava galinha, porque tinha engasgado com um osso na infância. Minha ouvinte achava aquela aversão ridícula e preparava pratos com galinha dizendo que era peru. Ela me telefonou para perguntar se deveria contar a verdade a ele.

DRA. LAURA: – Por que você faria isso?

OUVINTE: – Por duas razões, na realidade. Eu quero provar a ele que não há qualquer problema com galinha. Além disso, é muito irritante ter de cozinhar galinha e peru quando posso apenas cozinhar galinha.

DRA. LAURA: – Você nunca prepara algo separado para as crianças, para os amigos ou parentes?

OUVINTE: – Sim... mas isso é diferente.

DRA. LAURA: – Por quê?

OUVINTE (evitando responder): – Bem, de qualquer maneira, o que eu quero saber é se devo contar que ele tem comido galinha, e gostado!

DRA. LAURA: – De jeito algum. E acho que daqui por diante você deve passar a cozinhar peru para ele – como ele pediu e como você disse que estava fazendo. Se quiser lhe oferecer um pedacinho da sua galinha para ver se ele ainda continua com aversão, isso demonstraria preocupação e respeito. Mas, se você lhe disser o que vem fazendo, ele vai se sentir traído, humilhado e definitivamente desrespeitado. Sem nenhum proveito.

Embora a "brincadeira da galinha" possa parecer algo insignificante, não é. Quando somamos todos esses pequenos desrespeitos acabamos ficando com um casamento e um homem infelizes. E então recebo telefonemas de mulheres reclamando que ele não volta para casa na hora, não é romântico, não as ouve, não... Não é de admirar, porque quem engole lixo cospe lixo.

Steve, um ouvinte, sentiu-se confortado com minhas opiniões sobre como uma esposa deveria tratar seu marido. Este não é, ele comentou, um assunto muito discutido.

"No mundo atual, os homens são vistos como grandes egoístas, e as mulheres, como pobres coitadas. Apesar de todos os meus esforços (cuidar do carro, do jardim, das crianças e trabalhar em horário integral), não sou apreciado. O que faço nunca é suficiente, e ela só reclama das coisas que não faço. Eu particularmente não

gosto de comprar flores ou presentes, fazer compras, participar das reuniões da família dela, botar terno... mas faço tudo isso porque é importante para minha esposa.

No entanto, se eu desejo alguma coisa de que ela não gosta, nem pensar! Os critérios são desiguais, e eu me sinto injustiçado!

Outro critério desigual é que as mulheres se acham no direito de nos criticar, menosprezar e até agredir com palavras, mas se eu fizer o mesmo, isso se chama "ofensa verbal".

Quero que as mulheres saibam que os homens ficam tão magoados por insultos ou palavras ofensivas quanto elas. Qualquer forma de coerção para obrigar um homem a fazer o que a mulher quer não é apenas improdutiva, é prejudicial. O fato de sermos casados não nos torna escravos. E qual é a mulher que pode amar um homem que ela não respeita?"

O desabafo de Steve reproduz uma queixa muito comum dos homens que me escreveram sobre esse assunto. Muitas mulheres me dizem que seus maridos deveriam encarar com senso de humor suas "complicações" decorrentes de seus ciclos hormonais, emotividade, (hiper)sensibilidade, inconstância, etc.

Eu lhes respondo que os homens encaram com senso de humor as "complicações" das mulheres que os respeitam, apreciam, são gratas e lhes dão carinho; eles retribuem o amor que recebem.

A questão do respeito é freqüentemente confundida com a noção de submissão cega, e isso se torna um obstáculo ao simples ato de dar e se doar.

Lisa é casada e mãe de dois filhos, um com seis anos e o outro com nove meses. Ela parou de trabalhar há pouco tempo e adaptou sua rotina para ter um pequeno negócio em casa. Quando não existiam filhos, e ambos trabalhavam em horário integral, eles pareciam ser parceiros com os mesmos direitos, suportando a bagunça na casa durante a semana e freneticamente colocando as coisas em ordem nas noites de sexta-feira para poderem descansar e se divertir durante o fim de semana. Agora que ela não trabalha fora, ele deixa todas as tarefas da casa nas mãos dela – e Lisa está muito chateada com isso.

"Fico tão frustrada que me pego reclamando em voz alta durante o dia, enquanto cato a bagunça da noite anterior. Às vezes eu realmente ressinto o fato de meu papel de parceira ter mudado para o de governanta, empregada e babá. Escutar o programa da Dra. Laura me ajuda a refletir sobre meus pontos de vista. Eu preciso me lembrar que Joel, meu marido, trabalha muito para nos sustentar em um emprego que é fisicamente extenuante.

Eu realmente o respeito por sua dedicação. Sei que ele trabalha muito e acho que ele adoraria poder ficar mais em casa com nossos filhos. Tento não deixar pensamentos negativos me abaterem. Eu ainda fico com raiva quando tenho de catar copos na sala de estar ou roupas no chão, mas eu me casei com um homem maravilhoso que nunca fez propositadamente nada para tornar a minha vida mais difícil. Não tenho muito do que reclamar.

Refletir sobre os motivos que me levaram a casar com o Joel ajuda muito. Eu me casei com um homem que eu respeito e que sei que é amoroso, fiel e responsável."

Recebo muitos telefonemas de esposas que não trabalham fora, mas que reclamam que seus maridos não fazem nenhuma das tarefas domésticas quando chegam em casa. Geralmente as desafio perguntando: "Você vai para o trabalho dele, resolve questões complicadas, comparece a algumas reuniões, o ajuda a desempenhar suas funções?" É claro que a resposta é "Bem, não... mas...". Seria bom que as mulheres se conscientizassem que, em uma situação de divisão de tarefas, cada um tem as suas respectivas responsabilidades que representam o mesmo investimento na dedicação à família.

A questão dos "papéis" no casamento e na família em geral é bastante delicada. As mães que não trabalham fora de um modo geral não são muito respeitadas em nossa sociedade. No entanto, vivemos numa cultura em que cuidar e acalentar estão mais inseridos na natureza feminina, e conquistar e proteger, na masculina. Francamente, se ignorarmos esta realidade, viveremos em profunda insatisfação e desencontro. É claro que seria ideal poder conciliar a realização profissional com o cuidado dos filhos e da casa – e extrair alegria de ambas as atividades –, mas, quando isso não é possível, por que não aceitar as condições reais e usufruir o que elas têm a oferecer?

A maioria das mulheres que reverteram os papéis tradicionais na sociedade – isto é, elas trabalham fora e o marido fica em casa com os filhos – se preocupa pelo fato de sentirem muitas vezes menos consideração por seus maridos como "homens". Da mesma forma, elas me relatam que se sentem culpadas por não serem as principais responsáveis pela educação de seus filhos. Há um longo caminho a ser percorrido antes que essas questões sejam resolvidas, mas o importante neste momento é que marido e mulher estejam conscientes de suas reais possibilidades, e um respeite a contribuição e participação do outro de forma amorosa.

Acho interessante passar-lhes esta informação: após acompanhar os padrões de doenças cardíacas e mortes entre quase quatro mil participantes de uma pesquisa realizada durante dez anos pela American Heart Association concluiu-se que os homens e as mulheres que desafiam seus papéis na sociedade tradicional estão mais predispostos a sofrer problemas de saúde, tais como doenças cardíacas, do que aqueles que desempenham os papéis tradicionais.

Eu acredito que o bem-estar dos homens e das mulheres seja maximizado quando a aceitação, a atenção e o cuidado são dirigidos ao que é naturalmente diferente e especial tanto nos homens quanto nas mulheres.

Podemos aprender com a observação deste ouvinte:

"Embora ainda esteja solteiro aos 31 anos, sempre notei que meu pai reage muito melhor à minha mãe quando ela demonstra seu reconhecimento e age como se ele fosse uma parte importante e integral da vida dela."

Essa é uma importante lição que poucas mulheres parecem ter recebido de suas próprias mães, ou talvez dos modelos de família vividos em suas infâncias. Amber, uma ouvinte, escreveu dizendo como, depois de sete anos de casada, ela e uma amiga decidiram aprender a ser melhores esposas para seus maridos.

"E de fato aprendemos muito. Na essência, eu realmente aprendi o que você ensina, prega e insiste em afirmar. Descobri que os quatro casamentos infelizes de minha mãe e a nossa cultura me ensinaram a desrespeitar meu marido e a não valorizar seu amor. Eu o criticava cruelmente, tanto em particular quanto (vergonhosamente) em público. Eu tentava controlar tudo, especialmente as finanças, porque erroneamente achava que ele não sabia administrar tão bem quanto eu. Não aceitava que alguma coisa pudesse ME *controlar, e por isso eu precisava agir assim."*

Após ouvir várias vezes o meu programa, Amber percebeu como suas atitudes em relação a seu marido eram destrutivas. Ela se fez as seguintes perguntas importantes que todas as esposas deveriam se fazer: Se eu realmente acredito em todas as coisas que digo/penso/reclamo sobre ele, por que estou casada? Se eu o amo tanto, por que ajo de forma tão indiferente e desrespeitosa? O que o fará continuar me amando se eu continuar agindo assim?

Ultimamente, tenho usado esta última pergunta em meu programa para obrigar as mulheres a pararem e refletirem sobre a natureza destrutiva de seus comportamentos em relação a seus maridos. Por exemplo, recentemente uma ouvinte de vinte e poucos anos me perguntou se era justo ou não obrigar seu marido a raspar a barba que ele deixara crescer recentemente. Irritada, ela lhe disse agressivamente que não o achava atraente de barba.

Respondi com tristeza: "É assim que você quer construir seu casamento? Não percebe como pode ter magoado seu marido dizendo agressivamente que não o acha atraente só por causa de uma barba que está dando tanto prazer a ele? Coloque-se em seu lugar. Imagine se ele lhe dissesse que perdeu a atração porque você decidiu mudar a cor do seu cabelo?"

É lastimável a quantidade de insultos (críticas, reclamações, acusações e gritos) que as mulheres podem jogar nos homens e é incrível que não vejam isso como prejudicial e ofensivo. Até porque elas próprias são sensíveis a qualquer sinal de desprezo ou de desconsideração (mesmo não intencional) de seus homens em relação a elas. Critérios duplos, eu diria.

As esposas tendem a ser dominadoras sem nem mesmo o perceberem. Na noite passada, surpreendi uma cena em um seriado da televisão. Era um pai conversando com seu filho adulto na presença da noiva dele. O pai dizia: "Filho, você é um homem e você pode tomar qualquer decisão que julgar correta... até se casar – a partir daí, quem manda é sua esposa."

Enquanto se ouvia a gravação das risadas, percebi que o fato de as esposas controlarem os maridos é algo tão natural que um seriado pode usar isso como piada e ninguém percebe que se trata de uma verdadeira afronta, não aos homens, mas às mulheres.

Alexis, uma de minhas ouvintes, concluiu que tinha que aceitar o noivo tal como era, e não como ela o idealizava.

"Um dia, antes de nos casarmos, eu estava indo jantar na casa dele. No caminho, imaginei que ao chegar lá ele viria me receber me abraçando e beijando; a casa estaria impecável; a mesa, arrumada; o jantar, pronto; haveria uma música suave tocando; e ele me ofereceria um buquê de rosas.

Cheguei lá, bati três vezes na porta e, por fim, eu mesma abri. Ele estava deitado no sofá assistindo a um jogo, os pratos empilhados na pia, não havia comida, nem flores, nem música, e ele disse com um sorriso feliz 'Oi, amorzinho', como sempre fazia. Fiquei furiosa.

Mais tarde, percebi que eu tinha idealizado algo que sempre soube que ele não é. Meu marido é uma ótima pessoa, correto, carinhoso, mas é simples e nada romântico. É engraçado, inteligente e me ama como eu sou. Por que então eu não deveria amá-lo tal como ele é?"

Em vez de procurar conhecer melhor seus maridos e valorizá-los por suas qualidades, muitas mulheres idealizam um modelo perfeito, e, se o marido não se encaixa nele, ficam frustradas e reclamam deles – para eles mesmos, para os amigos, os vizinhos, a família e, algumas vezes, até para os filhos.

Recentemente, uma ouvinte me perguntou se ela estava errada por criticar seu marido para o filho de 10 anos. Contou que seu marido lhe havia dito que ela fazia isso para recrutar o filho para o seu lado nas brigas entre os dois, enfraquecendo a ligação do filho com o pai. Para se defender, ela disse que o filho tinha o direito de saber o que estava acontecendo – e, ela admitiu, queria que ele tomasse o partido dela.

Disse-lhe que, além de desrespeitar seu marido em sua própria casa, tentando diminuí-lo aos olhos da família, era totalmente inapropriado e psicologicamente prejudicial sobrecarregar os filhos com os problemas dos pais e forçá-los a tomar o partido de um para magoar o outro.

Sugeri que, se quisesse se respeitar e respeitar o marido, ela resolvesse os problemas entre os dois sem envolver a família e pedisse desculpas ao marido por ter agido tão negativamente. Perguntei-lhe se gostaria que o filho se casasse com alguém que fosse tratá-lo como ela tratava o marido. A resposta foi um veemente NÃO.

Respeitar-se e demonstrar respeito pelo marido não apenas transmite a ele a mensagem de que é amado e apreciado, como cria um modelo que os filhos seguirão em seus casamentos. Existe algo mais importante?

O que significa, em termos concretos, tratar um marido com respeito? Para início de conversa, um homem – e qualquer pessoa – gosta de ser visto e tratado como é e não como querem que ele seja. Para muitas mulheres isso parece difícil, porque elas foram criadas com uma imagem estereotipada dos homens, principalmente do "príncipe encantado" com quem serão felizes para sempre. Ninguém nos ensinou que cada ser humano é diferente e precisa ser conhecido. Nossos maridos, tal como nós, têm uma história própria que condicionou sua maneira de agir e de pensar, suas reações, seus comportamentos. Além disso, há toda a carga genética e as características específicas que diferenciam os homens das mulheres.

Em meu programa de rádio, relatei uma experiência que destaca nitidamente as sutilezas da masculinidade e da feminilidade na educação dos filhos. Eu estava em uma piscina observando uma mãe e um pai brincarem com seu filho. Primeiro, a mãe segurava o bebê contra o peito e, conversando e brincando carinhosamente com ele, o levantava para cima e para baixo. Após uns momentos, ela entregou o bebê para o pai, que imediatamente virou o bebê para a frente e o arremessou no ar. Minha conclusão? Ser mãe significa acalento e proteção. Ser pai significa autonomia e aventura. É este equilíbrio que ajuda a produzir um ser humano prático e seguro.

Quando a esposa menospreza ou impede a necessidade de autonomia, aventura, risco, competição, desafio e conquista de seu homem, ele acaba ficando com um ser mal-humorado, imprestável, indiferente e hostil.

Tammy, uma ouvinte, aprendeu a seguir o conselho de seu pai, citado anteriormente: "Você está se casando com um homem. Trate-o sempre como tal, e ele sempre agirá como um."

"Percebi que David se sobressai em todas as áreas – trabalho, casa, família, filhos e carreira – quando o trato e respeito como o homem que ele é.

Em vez de exigir que ele faça coisas, eu peço. Sugiro opções para seus problemas sem impor nenhuma delas. Jamais discordo dele na frente das crianças, não me envolvo em situações desagradáveis da família dele – eu o deixo lidar com sua própria família. Nunca faço nada para constrangê-lo ou humilhá-lo na frente de sua família, colegas de trabalho, filhos, vizinhos ou amigos.

Essas atitudes fazem com que ele me cubra de amor, carinho e dedicação, o que nos deixa muito felizes."

Eu acredito que a maioria das mulheres não imagina o quanto elas são responsáveis pela atmosfera de suas casas e de toda a família. Não quero culpar ou responsabilizar, mas lembrar o incrível poder que as mulheres exercem sobre aqueles que as rodeiam. Filhos e maridos dependem da aprovação, da apreciação e da aceitação da mãe. Sem elas, eles ficam infelizes – e se comportam mal.

CJ, uma outra ouvinte, escreveu contando que estava casada há cerca de cinco anos e com quatro filhos quando o ressentimento a atingiu. Ela se sentia cansada da rotina – limpar, cuidar dos filhos, preparar o jantar, fazer compras, tudo! Essas tarefas a absorviam tanto, que ela começou a ter a sensação de estar perdendo o amor pelo marido.

Ela descreveu como conseguiu superar esse sentimento investindo mais em seu casamento.

"Diminuí as tarefas em casa e passei a dedicar mais atenção a meu marido. Deixava bilhetes em seu bolso e telefonava para ele durante o dia dizendo o quanto o amava. Quando ele chegava cansado em casa, me encontrava enfeitada, com um drinque preparado para ele. Quando estávamos com amigos, eu fazia questão de elogiar o que ele tinha feito por mim ou pelas crianças. Desta forma eu mesma me tornei mais atenta às suas qualidades.

Em vez de ficar me queixando do que não tinha, decidi valorizar os grandes e pequenos detalhes da minha vida, e ela foi se transformando!

Comecei a receber de volta a dedicação a meu marido, senti de novo o amor que me fez casar com ele, e toda a casa se beneficiou com o clima criado."

Em meu programa de rádio, ouço muitas mulheres afirmarem seu direito soberano às próprias necessidades, ambições, desejos e caprichos, sem nenhuma consciência do que seus homens necessitam e esperam delas. No entanto, a experiência me mostrou que, se uma mulher quiser ter uma vida feliz, casada com um homem bom, ele precisa se sentir respeitado e apreciado.

Stephanie, uma ouvinte, escreveu:

"Estou tão animada por alguém estar finalmente abordando esse assunto. Ao nascer nosso segundo filho, tive que abandonar o trabalho em que eu me realizava profissionalmente. Passei a desempenhar as tarefas de casa como uma obrigação penosa que me privava de algo que me gratificava. Eu não percebia até que ponto estava destruindo o meu casamento até ouvir a senhora dizer algumas vezes que uma esposa que opta por ficar em casa com os filhos tem duas alternativas: ficar infeliz com as tarefas de dona-de-casa, ou assumi-las com o máximo possível de alegria por poder conviver com os filhos – por mais trabalho que eles dêem – e fazer da casa um lugar agradável para se viver, enquanto o marido trabalha e ganha o dinheiro que ajuda a família a sobreviver com dignidade."

Por fim, um marido me enviou cópia de uma carta que ele tinha ficado até às duas horas da madrugada escrevendo para a esposa. Ele considerou o tema deste livro uma imensa coincidência.

O casal estava vivendo um momento de crise, e, como uma rápida solução para os problemas entre os dois, ela havia sugerido uma viagem de duas semanas à Disneylândia. Ele não achava que essa viagem faria um milagre e melhoraria o casamento.

Acredito que a carta desse homem expressa uma verdade universal que tem sido negada, e em parte foi perdida, por uma cultura decidida a medir o valor humano pelo poder e pelo dinheiro. Não há dúvida de que uma família precisa de uma mulher e de um homem, um marido e uma esposa, um pai e uma mãe, muito mais do que de todo o dinheiro que a profissão dos dois possa trazer.

Ele escreve para sua esposa:

"Com o passar dos anos, cada vez mais me conscientizo de que você é uma pessoa voltada para a sua profissão e sem a menor idéia do que significa ser esposa e mãe. Você pode me rotular de antiquado se quiser, mas eu firmemente acredito que as mães precisam passar mais tempo em casa e dedicar-se aos filhos para criar uma família feliz e harmoniosa.

Muito freqüentemente, você, como esposa e mãe, negligencia coisas que dizem respeito à nossa família. Nossos filhos não têm metas, treinamento e disciplina, não possuem hábitos nem rotinas. Acho que as mães, mais do que os pais, são educadoras e professoras que deveriam passar muito tempo com seus filhos para desenvolver neles, com suas palavras, seus exemplos e seu afeto, habilidades que eles usarão para enfrentar a vida. Para ser franco, não vejo você como uma mãe. Nossos filhos precisaram, muitas vezes, enfrentar e solucionar problemas sozinhos.

Quando se trata de ser uma esposa, você também não se esforça muito. E acho que você não me ama mais. Eu me sinto rejeitado quando a procuro para fazer amor, e você também não demonstra nenhum interesse especial por mim.

Tudo isso faz com que eu sinta cada vez menos interesse por você e motivação para manter nossa família unida. Sinto que você está casada com seu emprego e mais comprometida com ele do que conosco, como esposa e mãe.

Não estou alegando que eu seja um marido ou um pai perfeito. Você e eu trabalhamos muitas horas, mas acho que você subestima a importância da mãe na família. As mães e os pais desempenham papéis diferentes na criação dos filhos. Tenho consciência de que me esforço para desempenhar o meu, mas não vejo o mesmo de sua parte.

Estou escrevendo esta carta porque percebo que ainda quero amar você, estar com você e apoiar você, mas preciso confessar que estou sentindo que estamos nos distanciando e perdendo nossos filhos. Não sei qual é a solução para o nosso problema, mas acredito que precisamos urgentemente buscar um meio para poder crescer, amadurecer e cuidar de nossa família e de nosso relacionamento."

Essa noção do papel de pai e de mãe provoca muitas discussões, sobretudo por causa da mentalidade que considera a educação dos filhos e o cuidado da casa como algo insignificante que diminui o valor das mulheres.

Eu sou uma esposa e mãe que trabalha, e aprecio a oportunidade de usar minhas habilidades e meus talentos para ser criativa em algo que considero importante. Entretanto, acredito que minha principal responsabilidade é ser a mãe desses filhos que coloquei no mundo e que dependem de mim para desenvolver-se sadiamente, realizar seu potencial e ser felizes. Procuro fazer com que a minha carreira gire em torno da minha família – e não o inverso. A minha maior alegria é ouvir um adolescente magro, alto e musculoso dizer "Mãe, eu te amo" (até mesmo na frente dos outros) e um marido que, depois de quase 20 anos de casados, ainda me chama de "lindona".

Enquanto as mulheres desrespeitarem o que elas têm a oferecer como esposas e mães, continuarão a desrespeitar os homens que funcionam como maridos e pais. Com este tipo de atitude, ninguém se beneficia e ninguém fica feliz.

Capítulo 8

A VEZ DOS HOMENS

"Uma mulher faria bem em compreender que o fato de um marido honesto e fiel ir passar duas semanas fora pescando com os amigos não significa que ele não a ama. Ele apenas quer divertir-se. Nada mais simples."

JOSH

Sabino telefonou para meu programa perguntando quem estava com a razão, ele ou a esposa. Tinham planejado uma viagem só dos dois num fim de semana, porque havia muito tempo que não estavam juntos desta forma. Só que Sabino mencionou a viagem a um de seus amigos, que, entusiasmado, se ofereceu para acompanhá-los com a família. Como Sabino não queria desapontar ou magoar o amigo, disse que "estava bem".

Só que não estava tudo bem com a esposa de Sabino, que tinha imaginado um programa íntimo e romântico.

Sabino queria a minha opinião. Achei que ele estava brincando.

Este não é um exemplo de um "programa masculino" legítimo, saudável ou até mesmo necessário. Este é um exemplo de uma atitude insensível (e burra) que demonstra uma profunda falta de maturidade e de responsabilidade dentro de um casamento. Quando um homem está mais preocupado em não desapontar seu amigo do que em não desapontar sua mulher, ele está assumindo uma atitude de adolescente-macho incapaz de ver a necessidade da mulher e de afirmar seu próprio desejo.

Mas Sabino achava que ser homem-adulto significava enfrentar sua mulher e defender seus amigos. Mostrei-lhe o quanto estava enganado. Ser homem-adulto significa ter maturidade para negociar com a mulher e defendê-la, além de ser capaz de, com serenidade e firmeza, dizer "não" ao amigo. A substância de um homem-adulto é feita de respeito e comprometimento.

Vamos ver o outro lado da questão: muitas mulheres se mostram completamente contrárias e irascíveis ao fato de um homem precisar de um programa com os amigos. É impossível dizer a vocês quantos telefonemas eu recebo de esposas que estão profundamente aborrecidas porque seus maridos querem um tempo só para eles, geralmente jogando golfe, vôlei, basquete, assistindo a um jogo na televisão, fazendo uma viagem (muitas vezes para pescar, caçar ou escalar uma montanha) ou alguma coisa bem tranqüila, como jogar pôquer.

Por que as esposas abominam tanto isso? Embora os argumentos fornecidos por elas variem muito, o ponto central parece ser a insegurança. Esta insegurança pode ser causada por medo de que seus maridos não estejam apreciando a companhia delas; por não saberem ficar sozinhas sem se sentirem mal consigo mesmas; por inveja dos maridos que têm diversões ou amigos só deles; por medo da má influência desses amigos. Além disso, muitas mulheres acham que, para ser válido e aceitável, tudo o que está relacionado ao casamento e à família precisa girar ao redor delas.

Recentemente, uma mulher telefonou por causa de seu marido militar que toca em uma banda. Estava amolada porque ele tinha concordado com uma apresentação no Dia dos Namorados, sem consultá-la antes. Telefonou para perguntar se era razoável estar aborrecida.

Perguntei-lhe se antes do casamento seu marido já estava envolvido com música. Ela disse que ele tinha entrado para a sua banda atual quando ainda estavam noivos.

"Querida", falei, "você precisa aprender a aceitar o tipo de homem que você levou para casa. Não se pode levar para casa um elefante e esperar que ele se enrosque no seu colo e ronrone."

Para muitas mulheres, isso é muito difícil. Elas acreditam que, após o casamento, o marido se tornará totalmente domesticado e que ela será a domadora; *seus desejos* e *seus sentimentos* serão seu chicote. Os homens agüentam isso até certo ponto... depois, não agüentam mais.

Sugeri que ela alugasse um quarto no hotel onde seu marido estaria se apresentando no Dia dos Namorados, que assistisse à apresentação dele e, a seguir, o levasse para o quarto onde haveria vinho, velas e um robe bem sensual. Todos os desejos dos dois estariam assim realizados, sem que ela precisasse encostá-lo contra a parede: "A banda ou eu!"

Uma ouvinte escreveu para falar desse mesmo dilema. Porém, ela finalmente resolveu adaptar-se ao tipo de homem com quem se casara e parou de tentar transformá-lo no tipo que ela achava que queria. Valeu a pena. Ela escreveu:

"No início de nosso casamento, eu ficava ressentida em todas as tardes de sábados e domingos que ele passava jogando golfe. Isso se tornou um constante ponto de atrito entre nós, até que um dia finalmente me dei conta de que ele não estava jogando mais do que tinha jogado nos dois anos e meio em que namoramos.

Disse-lhe então que eu pararia de reclamar porque, além de ser justo, o golfe o deixava mais feliz e, conseqüentemente, um marido mais contente.

Agora, antes de marcar um jogo, ele pergunta se eu me importo. Sinto que ele passou a me respeitar muito mais depois que mudei de atitude."

Essa esposa foi esperta. Ela tomou consciência de que podia escolher entre ser duas esposas diferentes: a esposa 1, zangada o tempo todo e arruinando a própria vida e o relacionamento do casal com suas constantes birras, e a esposa 2, compreensiva, justa e feliz com a alegria que o jogo de golfe dava ao marido. Optou pela esposa 2 e isso mudou tudo. Por quê? Porque ele não via mais sua esposa como alguém que o perturbava e queria controlá-lo, transformando-o em outra pessoa. Ele via que sua esposa apreciava o homem que ele, na realidade, era – e isso o tornou mais atento para as necessidades dela.

Vale a pena repetir que os homens anseiam pela aceitação, aprovação e amor de suas esposas, e, quando eles recebem esses três As, são capazes de fazer qualquer coisa para agradá-las.

Brian, um outro ouvinte, escreveu sobre o que geralmente presencia – não apenas em sua própria casa.

"Quando ela quer sair com seu grupo de amigos, limita-se a me comunicar, com pouca ou nenhuma consideração por meus planos. Diz que acha que eu deveria confiar nela e lhe dar liberdade. Mas se por acaso eu quiser estar com meus amigos, em geral brigamos porque, segundo ela, eu quero isso porque não a amo ou não quero a companhia dela.

Acho que isso é uma espécie de manipulação: querer fazer as coisas do jeito dela e não deixar que eu faça o mesmo. Basicamente, só ela tem importância."

É este o recado que muitos homens recebem. Eles começam a perceber que, além de seus sentimentos, suas necessidades e seus desejos não serem de fato relevantes para suas esposas, eles muitas vezes são vistos como entraves e obstáculos aos anseios delas.

Muitos homens me telefonam reclamando que suas esposas não compreendem esses programas masculinos. Para se defenderem das acusações de egoísmo, indiferença ou negligência, eles me relatam a enormidade de suas frustrações, enumerando todas as coisas que fazem para suas esposas e famílias. Esses homens não são valorizados por sua contribuição, mas são censurados por causa dos programas masculinos de que precisam para relaxar, eliminar a tensão ou apenas se divertirem um pouco para se manterem saudáveis e felizes.

Muitas vezes as esposas boicotam essas atividades programando visitas às famílias, consultas a médicos ou fazendo verdadeiras chantagens sentimentais, dizendo-se doentes, exaustas com seus trabalhos ou tão emocionalmente perturbadas por problemas pessoais que precisam ter os maridos em casa.

É claro que muitas vezes as necessidades das mulheres são verdadeiras e válidas. O marido que se sente aceito e respeitado tal como é percebe a diferença e aceita abrir mão do seu programa para fazer companhia à esposa. Mas quando se trata de pura manipulação, o marido se sente agredido e enganado, o que vai criando um distanciamento entre o casal. E, como já disse – mas nunca é demais repetir –, não acredito que uma mulher possa ser feliz desrespeitando e manipulando o companheiro com quem aceitou dividir sua vida.

As cartas que recebo revelam um ponto muito importante: muitas mulheres esperam que seus maridos sempre cedam a seus caprichos e vontades e sejam os totais responsáveis por sua felicidade e bem-estar. O casamento significa, sim, um compartilhamento – mas é um compartilhamento de duas individualidades com suas características específicas que devem ser respeitadas para o crescimento de cada um, para a harmonia do relacionamento e para sua saúde mental e emocional.

Eu já disse isso antes? Disse muitas vezes? Nunca será demais repetir. Sem esse equilíbrio saudável, um casamento pode definhar e se desintegrar. Tansie, uma ouvinte, revela que aprendeu isso apanhando.

"Aprendi que nenhum ser humano pode suprir totalmente as necessidades e interesses do outro. É incrível, mas levei algum tempo para descobrir que meu marido, além de mim, precisa ter outros interesses! E eu também! Todas as vezes que ele visitava seus irmãos, suas irmãs ou amigos sem me levar (o que ele fazia somente algumas vezes por mês) eu reclamava e agia como uma criança mimada durante dias! Por que é que ele não queria ficar comigo o tempo todo? Para mim era claro que ele não me amava!

Depois de muita terapia, aprendi que as pessoas que possuem amigos e interesses fora do casamento são mais felizes. Isso vale tanto para os homens quanto para as mulheres. Quando você aceita os relacionamentos de seu marido com outras pessoas e não se comporta como uma criança mimada que quer controlar a vida dele, o relacionamento fica muito mais agradável."

Francamente, para que qualquer um dos parceiros no casamento – assim como os filhos – se mantenha equilibrado e centrado, é necessário que passe uma boa quantidade de tempo sozinho e em paz. Agora, a necessidade e extensão desse tempo depende de cada pessoa e das circunstâncias do momento, mas na maioria dos casos ele funciona como um bom antídoto contra o estresse causado pelas obrigações, tarefas e responsabilidades diárias. Não negue a você ou a seu parceiro essa válvula de escape necessária e sem a qual a vida de uma pessoa e de um casamento pode se tornar uma panela de pressão capaz de explodir a qualquer momento. Acho que não é necessário deixar claro que esse tempo a sós não pode envolver nada que desrespeite o outro.

A carta que recebi de Keith levanta uma questão que deve ser examinada com cuidado:

"Minha esposa tem interesses independentes dos meus. Ela tem amigos, trabalha e não depende totalmente de mim para sua felicidade. Embora nós dois formemos uma equipe e façamos praticamente tudo juntos, também podemos curtir individualmente um espaço de tempo.

Minha esposa me PERMITE *ter alguma independência para jogar golfe de vez em quando, assistir a jogos, etc. – ou seja, ela me* DEIXA *ter uma vida própria.*

Não estou defendendo uma independência total para cada parceiro. Mas acredito que ter outros interesses nos torna mais atraentes um para o outro."

Não pude deixar de notar que Keith usou as palavras "permite" e "me deixa" quando se refere às suas próprias oportunidades de recreação e de programas masculinos. Espero que essas expressões não sugiram que a mulher mande nele. Volto a mencionar o que já disse inúmeras outras vezes neste livro: os homens buscam nas esposas aceitação, aprovação e amor. Isso dá às mulheres um imenso poder sobre os homens, um poder de que elas não devem abusar. O homem adulto que se sente oprimido facilmente se transforma em uma criança rebelde e transgressora.

Fecho o livro com a carta de Allison, uma ouvinte:

"Meu marido e eu temos o que consideramos ser um casamento muito feliz. Mas não foi imediatamente nem de graça. Acho incrível como fomos mal preparados para enfrentar este enorme desafio que é a vida em comum e a criação de uma família. Casamos com uma imagem idealizada do 'felizes para sempre', sem sequer imaginar a quantidade de investimento que o casamento requer. Por isso foi uma surpresa – mais até, um choque – quando nos descobrimos profundamente irritados um com o jeito do outro, quando um tentou impor ao outro seu modo de ser e, por causa de todas as discussões e do estresse natural do cotidiano, nos vimos perdendo a atração física que foi um forte elemento de aproximação durante o namoro. Foi necessária muita terapia – individual e de casal –, muito aconselhamento, muita leitura para descobrirmos que, em vez de disputarmos para ver quem vencia, tínhamos a oportunidade de negociar, cada um colocando seu ponto de vista para chegarmos a um denominador comum.

De uma coisa estou convencida: a Dra. Laura tem toda a razão quando afirma que cabe sobretudo a nós mulheres a responsabilidade pela construção de um relacionamento harmonioso, de um clima feliz dentro de casa, beneficiando toda a família. A iniciativa das terapias sempre foi minha; fui eu que, na grande maioria das vezes, procurei meu marido para conversar sobre as dificuldades encontradas, os gestos de carinho e cuidado partiram freqüente-

mente de mim. Não estou me vangloriando disso, sinto mesmo que é uma capacidade maior que as mulheres têm.

A descoberta mais fundamental para nosso entendimento foi de que somos pessoas muito diferentes, não só por sermos homem e mulher, mas porque cada um tem uma carga genética e uma história próprias, e em nenhum momento um pode dizer que conhece totalmente o outro. Mas este fato também mantém viva a curiosidade e o interesse a respeito do parceiro. Há sempre o que descobrir e renovar.

Desejo que estejamos sendo um bom exemplo para nossos filhos e que, ao escolherem seus companheiros, eles estejam mais bem preparados do que nós estávamos."

Allison é uma mulher inteligente e uma esposa sábia.

Agora você também pode tornar-se uma esposa mais sábia – e conseqüentemente mais feliz.

CONHEÇA OUTROS IMPORTANTES TÍTULOS DA EDITORA SEXTANTE

JOHN T. MOLLOY

Por que os homens se casam com algumas mulheres e não com outras?

O que leva um homem a pedir uma mulher em casamento ou a bater em retirada assim que ouve falar no assunto? Para ajudá-la a conquistar o marido dos seus sonhos, esse livro apresenta estratégias de sucesso baseadas em estatísticas e não em suposições ou teorias.

Usando o mesmo método de pesquisa que os institutos de opinião pública, a equipe de John T. Molloy entrevistou milhares de pessoas para levantar informações que pudessem ajudar as mulheres a tomar decisões inteligentes na busca por um parceiro.

RACHEL GREENWALD

Como encontrar um marido depois dos 35

Esse livro foi escrito pensando em você que não quer encontrar um marido qualquer, mas alguém especial. Esse homem está por aí. Pode ser tímido, viver ocupado ou apenas não saber onde se escondem as maravilhosas mulheres solteiras como você.

Rachel Greenwald criou um programa de 15 passos baseado nas estratégias de marketing que aprendeu na Harvard Business School para ajudá-la no estágio mais difícil para as mulheres depois dos 35 anos: a procura por um parceiro. Você terá desafios específicos a vencer, mas, se estiver mesmo disposta, atingirá seu objetivo.

ALLAN E BARBARA PEASE

Por que os homens fazem sexo e as mulheres fazem amor?

Você vai conhecer os importantes avanços da ciência da evolução humana e como suas descobertas se aplicam ao relacionamento entre homens e mulheres. Serão apresentadas algumas conclusões perturbadoras e controvérsias vão surgir, mas vamos nos reconhecer, entender melhor muitas coisas e, certamente, aprender a conviver melhor.

Você vai descobrir por que as mulheres se desesperam com o silêncio dos homens, por que elas são mais fiéis, falam tanto e têm dificuldade de estacionar junto à calçada, e vai saber o motivo que levam os homens a monopolizar o controle remoto, a detestar críticas e a se calar quando estão estressados.

Por que os homens mentem e as mulheres choram?

Os humanos são infinitamente complicados. Para ter alguma chance de levar uma vida feliz e desfrutar a quota de prazer e enriquecimento que um relacionamento proporciona, precisamos entender as diferenças e aprender a melhor maneira de lidar com elas.

Com base em pesquisas e estudos científicos, Allan e Barbara Pease explicam o comportamento sempre imprevisível do "outro sexo". De forma clara e bem-humorada, eles respondem às nossas principais dúvidas e apresentam soluções práticas para tornar a convivência entre homens e mulheres mais prazerosa.

DAVID NIVEN, PH.D.

Os 100 segredos dos bons relacionamentos

Todos nós sonhamos em encontrar um grande amor e, como nos contos de fadas, viver felizes para sempre. Mas construir um relacionamento saudável é um dos maiores (e melhores) desafios da vida.

Depois de analisar estudos e pesquisas científicas sobre os hábitos de namoro e casamento de milhares de pessoas, o psicólogo e cientista social David Niven reuniu dicas, conselhos e histórias para orientar todos aqueles que desejam ter uma relação sólida e feliz.

FRANCISCO DAUDT DA VEIGA

O amor companheiro

"O amor companheiro pode acontecer na nossa vida por acidente, e aí tem maior risco de ser acidentado. Ou podemos nos preparar cuidadosamente para entrar nesse oceano, e assim dar mais chance à felicidade.

Espero ajudar os leitores homens a recuperar um potencial afetivo perdido na infância. E as leitoras, ajudá-las a tomar posse e desfrutar da felicidade de fazer amigas facilmente, a compreender melhor seus homens e, assim, aproveitá-los mais."

FRANCISCO DAUDT

CONHEÇA OS 30 CLÁSSICOS DA EDITORA SEXTANTE

- *O Código Da Vinci*, *Anjos e Demônios* e *Fortaleza Digital*, de Dan Brown
- *Pais brilhantes, professores fascinantes*, *Nunca desista de seus sonhos* e *Você é insubstituível*, de Augusto Cury
- *O monge e o executivo*, de James C. Hunter
- *Um dia "daqueles"*, *O sentido da vida* e *Querida mamãe, obrigado por tudo*, de Bradley Trevor Greive
- *Por que os homens fazem sexo e as mulheres fazem amor?*, de Allan e Barbara Pease
- *Os 100 segredos das pessoas felizes* e *Os 100 segredos das pessoas de sucesso*, de David Niven
- *Enquanto o amor não vem*, de Iyanla Vanzant
- *A última grande lição* e *As cinco pessoas que você encontra no céu*, de Mitch Albom
- *A Dieta de South Beach*, de Arthur Agatston
- *O ócio criativo*, de Domenico De Masi
- *Não leve a vida tão a sério*, de Hugh Prather
- *O Poder do Agora*, de Eckhart Tolle
- *A vida é bela*, de Dominique Glocheux
- *Palavras de sabedoria* e *O caminho da tranqüilidade*, de Sua Santidade, o Dalai-Lama
- *Muitas vidas, muitos mestres* e *Só o amor é real*, de Brian Weiss
- *Histórias para aquecer o coração*, de Jack Canfield e Mark V. Hansen
- *Conversando com os espíritos*, de James Van Praagh
- *Aprendendo a gostar de si mesmo*, de Louise Hay
- *Mantenha o seu cérebro vivo*, de Lawrence Katz e Manning Rubin
- *Aprendendo a silenciar a mente*, de Osho

INFORMAÇÕES SOBRE OS PRÓXIMOS LANÇAMENTOS

Para receber informações sobre os lançamentos da EDITORA SEXTANTE, basta enviar um e-mail para atendimento@esextante.com.br ou cadastrar-se diretamente no site www.sextante.com.br

Para saber mais sobre nossos títulos e autores, e enviar seus comentários sobre este livro, visite o nosso site: www.sextante.com.br

EDITORA SEXTANTE
Rua Voluntários da Pátria, 45 / 1.404 – Botafogo
Rio de Janeiro – RJ – 22270-000 – Brasil
Telefone: (21) 2286-9944 – Fax: (21) 2286-9244
E-mail: atendimento@esextante.com.br